# Tendacayou

## die Gastlichkeit der Antillen

# Tendacayou

## die Gastlichkeit der Antillen

Rezepte von Sylvie Clément

Fotographien von Jérôme Bilic

Gestaltung und Texte von Sandrine Giacobetti

UMSCHAU

# Vorwort

Viele Besucher kommen nach Guadeloupe, um ihr Fernweh zu stillen: Paradiesische Sandstrände, sanft im Passatwind raschelnde Kokospalmen, türkisblau plätschernde Wellen – wie könnte man diesen eleganten Traumbildern schon widerstehen, wenn sie einem, auf Hochglanz gedruckt, an einer tristen Bushaltestelle begegnen? Das Traumbild von den Ferien am anderen Ende der Welt bleibt aber nur allzu leicht beim Postkartenklischee hängen – und dann verpasst man womöglich das Wesentliche.

Guadeloupe: Aus der Luft betrachtet scheint die Insel wie ein Schmetterling die Flügel auszubreiten. Eine Vielzahl von Landschaften, Menschen und Bräuchen existieren hier – alle mit ganz eigenwilligen Nuancen. Aus der Ferne mag die Antilleninsel erscheinen wie die arme Verwandte des mächtigen Mutterlandes Frankreich. Aber dem Reisenden, der sich ein wenig Zeit nimmt sie zu durchstreifen, enthüllt sie ganz freigiebig ihre Reichtümer. Dann legt sie den Kittel des Bittstellers an der Tafel der reichen Länder ab und offenbart sich nicht nur als vulkanisches Tropenparadies, sondern als Ziel vieler kleiner kulinarischer Pilgerreisen. So ein Ort ist auch Tendacayou, die kleine Ferienanlage, der dieses Buch gewidmet ist. Schon ihr Name mit den fremdartigen Silben schmeichelt der Zunge: Er klingt zugleich wild und vertraut.

Die Fahrt nach Tendacayou führt von dem malerischen Fischerdorf Deshaies mit seiner blauen Bucht hinauf durch sanfte grüne Hügel. Die Piste schlängelt sich durch Zuckerrohrfelder und Bananenplantagen, bis man ankommt bei George und Sylvie, einem echten Abenteurerpaar mit einer filmreifen Lebensgeschichte. Vor fünfzehn Jahren beschlossen sie, ihr Leben umzukrempeln. Sie kauften sich, weitab vom Getümmel ihres Heimatlandes Frankreich, ein Stück Land und fingen bei Null an. Als gelernter Schreiner baute George nach und nach mehrere Gästehäuser aus tropischem Holz. Knallbunt und etwas windschief schmiegen sie sich zwischen den Bäumen an den Hang und überblicken die Bucht. Sylvie ist die Gastgeberin hier – und sie gilt als die beste Köchin von ganz Guadeloupe. Sie verwöhnt ihre Gäste mit frischem Fisch und exotischem Gemüse der Insel, aber auch mit Gerichten, die sie dem klassischen kulinarischen Repertoire ihrer Heimat entliehen und behutsam an die regionalen Nahrungsmittel angepasst hat. Eine elegante französische Küche mit einer raffinierten Prägung der Antillen – schon wenige Beispiele genügen, um das zu verdeutlichen: das Ragout von der Dorade mit Süßkartoffeln, das man Löffel für Löffel genießen muss, so zart ist es, oder das Püree aus Brotfrüchten, das feinen, frisch gestampften Kartoffeln in nichts nachsteht. Oder wie wäre es mit einer überraschend anderen Sauce béarnaise aus Passionsfrüchten, gewürzt mit frischer Vanille? Sie passt wunderbar zu gegrillten Langustenhälften. Lassen Sie sich verführen von dieser Köchin, die ganz instinktiv ein Guadeloupe in ihren Töpfen einfängt, das ganz anders ist als alle stereotypen Karibik-Klischees.

**Sandrine Giacobetti**

# Ein Stück vom Paradies

Im September 1989 verwüstete der Wirbelsturm Hugo die Insel Guadeloupe. Einige Wochen später kam ich hier an, mit meinen beiden jüngeren Söhnen und meinem Mann, der als gelernter Schreiner beim Wiederaufbau helfen wollte. Wir haben uns sofort in Deshaies verliebt, ein friedliches Fischerdorf mit bunten Holzhütten im Norden der Basse-Terre. Hier ganz in der Nähe wollten wir uns niederlassen...

So beginnt die Geschichte von Tendacayou. Es ist ein außergewöhnlicher Ort, hoch über der Bucht Grande Anse, wo einstmals die Piratenschiffe ankerten. Tendacayou ist der kreolische Name eines Baumes, der so glatt ist wie ein Kieselstein, also „tendre comme un caillou". Das erschien uns so klangvoll und poetisch, dass wir unser eben erworbenes Stück vom Paradies danach benannten. Zunächst entstanden acht Bungalows – ohne feste Türen oder Fensterglas, denn man sollte mitten in der Natur wohnen und die verschwenderische tropische Vegetation richtig genießen können. Gleichzeitig mussten wir eine Menge technischer Probleme lösen, von der Wassergewinnung bis zum Stromanschluss – alles Aufgaben, die viel Geduld und Ausdauer erforderten. Aber Ende 1999 konnten wir endlich unsere ersten Gäste empfangen, und das war die schönste Belohnung für alle Mühen!

Jeder trägt auf seine Weise zum Leben auf Tendacayou bei: Georges, mein Mann, füllt seine Rolle als Baumeister und Beschaffungstalent bestens aus, außerdem fängt er mir von Zeit zu Zeit wunderbare Fische. Ich bin die Künstlerin im Team. Ich liebe es zu gestalten, zu dekorieren, alles bunt zu bemalen – und natürlich zu kochen und Gäste zu bewirten. Diese Leidenschaft hat mich dazu gebracht, eine kleine Table d'hôtes zu eröffnen, den „Poisson Rouge". Anstatt einer Karte gibt es hier jeden Tag eine kleine Auswahl von Gerichten, die ich selbst gerne mag: vor allem frisch gefangene Marlins und Königsmakrelen, außerdem Früchte und Gemüse der Insel. Das Meiste bekomme ich auf den regionalen Märkten. Diesen Teil meiner Arbeit würde ich für nichts auf der Welt hergeben. Ich liebe es, zwischen den Ständen mit all den herrlichen Lebensmitteln umherzustreifen. Es macht richtig Freude, die schönsten roten „Cives" auszusuchen, oder prächtige Avocados mit olivgrünem Fleisch und zart nussigem Duft, „Gombos" mit flaumiger Haut oder Chilischoten in allen Farben und Formen. Ich lasse selten einen Markttag aus und jedes Mal fahre ich mit Bergen frischer Lebensmittel nach Hause. In meinem Kopf spuken dann tausend neue Ideen, was ich alles damit kochen könnte. Manchmal ruft mich während der Rückfahrt ein befreundeter Fischer von seinem Boot aus an und fragt, ob ich Interesse an einem schönen „Z'Aile jaune", einem Gelbflossenthun, hätte – dann ist mein Glück vollkommen!

Eine feine Küche hat in meiner Familie Tradition. Schon unsere Urgroßmutter war Köchin, die Großmutter verwöhnte uns mit „Cagouilles", kleinen grauen Schnecken, und „Monjettes", einem herrlich altmodischen Gemüseeintopf. Sogar unser Vater hatte ein paar Spezialrezepte auf Lager. Aber es war vor allem unsere Mutter, die uns von klein auf im Geruch von köstlichen Gerichten wiegte, die den ganzen Nachmittag über vor sich hin köchelten. Wie könnte ich den zarten Duft der Orangenschalen vergessen, den der cremige Milchreis beim Garen verströmte, oder den des Huhns, das langsam in seiner Sauce auf kleiner Flamme blubberte? Alle Rezepte unserer Kindheit sind in kleinen Heften aufgezeichnet, die meine Mutter sorgsam aufbewahrt. Ich führe kein solches Heft, aber ich möchte Sie mit diesem Buch einladen zu einer kulinarischen Reise quer durch Frankreich und die Karibik und wieder zurück – oder ganz einfach nach Tendacayou.

**Sylvie Clément**

# Inhalt

# Mittag

## *unter den Mangobäumen*

Noch während die Baumhäuser ihre Schatten langsam im Morgenlicht ausbreiten, macht sich Sylvie auf den Weg. Bis zum Markt von Bergevin muss sie fast 40 Kilometer über kurvige Straßen zurücklegen.
Es gibt kaum etwas, das es in den kleinen Gässchen nicht zu kaufen gibt. Sie sind etwas erhöht gebaut, denn allzu häufig spült ein heftig rauschender tropischer Regenguss durch den Ort und erfrischt die dicke Luft. Zweimal pro Woche deckt sich Sylvie hier ein mit Gemüse der Region, frischem Fisch, Kräutern und Gewürzen für ihre Table d'hôtes.
Mittags wird die Tafel ganz typisch mit einem „Ti-Punch“ eröffnet. Doch spätestens, wenn das erste Gericht serviert wird, ist klar, dass die Küche im „Poisson Rouge“ weit entfernt ist vom kulinarischen Abklatsch der Karibik. Man lässt sich erstaunen und überraschen, etwa von den „Paupiettes de Capitaine“, zarten, mit Chili gefüllten Röllchen aus Filets eines karibischen Fischs, die Sylvie ganz unkonventionell mit gebratenen Kochbananen kombiniert. Man kann auch eine Hand voll „Acras“ dazu haben, das sind die für die Insel so typischen, saftigen Krapfen mit Crevetten, Kabeljau oder Gemüse. Kein Wirt auf Guadeloupe würde es wagen, sie von seiner Karte zu streichen. Danach muss man dann unbedingt noch eine kleine Portion „Pain perdu“ probieren, eine Art Armer Ritter, der eine willkommene Gelegenheit ist, den wunderbaren Zimt von Guadeloupe zu kosten.

Das Geheimnis des Ti-Punch: ein Hauch Rohrzucker, einige Limettenviertel, die man mit dem Löffelrücken im Glas ausdrückt, darüber ein Fingerbreit weißer Rum, oder zwei…

# Chilis

1

2

3

Chilis heißen auf Französisch „piment“, was verwirrend ist, denn sie haben nichts mit dem bei uns als Piment bekannten Nelkenpfeffer (siehe Seite 75) zu tun. Es gibt unzählige Sorten – und noch mehr verschiedene Namen. Die wichtigsten Sorten auf den Antillen sind:

**Piment OISEAU** (linke Seite): Klein und spitz, sehr scharf und – verglichen mit anderen Sorten der Antillen – weniger aromatisch. Geerntet wird, sobald die Schoten kräftig rot sind. Man isst sie eingelegt in Essig oder Öl. Getrocknet nimmt man sie zum Würzen von Ragouts.

**Piment VÉGÉTALIEN** (1): Diese Gemüse-Chili ist klein und länglich und kann grün, orange oder rot sein. Sie ist sehr aromatisch, aber lange nicht so scharf wie „Lampion“ oder „Négresse“ – ideal für alle, die sich erst an das Feuer der Chilis gewöhnen müssen.

**Piment LAMPION** (2): Auch „Bonda Man Jaques“ genannt und sehr scharf. Sie wächst an kleinen Sträuchern und wird – grün, gelb, orange oder rot – in Öl eingelegt, roh, gekocht, als Paste oder Auszug verwendet. Die meiste Schärfe steckt wie bei allen Chilis in den Kernen und der Haut. Deshalb lässt man die Schote beim Kochen am besten ganz.

**Piment NÉGRESSE** (3): Die dunkelbraune „Negerin“ ist eng mit dem „Lampion“ verwandt, aber noch aromatischer und schärfer. Man findet sie fast nur wild in Gärten wachsend.

FÜR 4 PERSONEN / ZUBEREITUNG 30 MIN. / GARZEIT 5 BIS 8 MIN. / KÜHLEN 30 MIN.

# Acras de giraumon

## Kürbiskrapfen

300 g Kürbis (Giraumon oder eine andere festfleischige Sorte)
1 Zwiebel
1 Knoblauchzehe
2 Cives
1/4 Chilischote von den Antillen
2 Petersilienzweige
2 Eier
1/2 TL Backpulver
1 l Traubenkernöl
2 Limetten
Salz, frisch gemahlener Pfeffer

- Schneiden Sie Zwiebel und Knoblauch und hacken Sie Cives, Chili und Petersilie sehr fein. Der Kürbis wird geschält und gerieben und dann mit Zwiebel, Knoblauch, Cives, Chili und Petersilie in einer Schüssel vermengt. Verquirlen Sie die Mischung mit den Eiern, würzen Sie sie mit Salz und Pfeffer und stellen Sie den fertigen Teig 30 Minuten kalt. Am Ende dieser Zeit müssen Sie das Backpulver untermischen.

- Das Öl wird zunächst in einer Fritteuse erhitzt. Dann lassen Sie mit einem Löffel kleine Teigportionen in das heiße Fett gleiten. Wenn sie rundum goldgelb geworden sind, legen Sie die Krapfen zum Abtropfen auf Küchenpapier. Zum Schluss würzen Sie die „Acras“ nochmals mit Salz und Pfeffer, bevor Sie sie mit Limettenstücken servieren.

### Sylvies Tipp

Giraumon ist eine auf den Antillen häufig verwendete Kürbissorte, sie ist dem hiesigen Türkenturban sehr ähnlich. Sie können aber auch andere festfleischige Sorten nehmen oder eine Mischung aus Kürbis und mehlig kochenden Kartoffeln.

FÜR 4 PERSONEN / ZUBEREITUNG 20 MIN. / GARZEIT 4 BIS 6 MIN.

# Ouassous *vapeur*

## Gedämpfte Flusskrebse mit Mango-Vinaigrette

8 Ouassous
3 kleine Mangos
(davon eine sehr reif)
Saft von 1 Limette
4 EL Olivenöl
4 Cives
1 TL Cayennepfeffer
1 Bund frischer Koriander
4 möglichst große Zitrusblätter
Salz, frisch gemahlener Pfeffer

- Schälen Sie die Mangos. Das vom Kern gelöste Fruchtfleisch pürieren Sie in einem Mixer zusammen mit Limettensaft, 100 ml Wasser, Olivenöl, Salz und Pfeffer. Diese Mischung vermengen Sie in einer Schale mit den gehackten Cives, dem Cayennepfeffer und dem fein geschnittenen Koriander.

- Die Krebsschwänze zunächst schälen, salzen und pfeffern. Rollen Sie nun jeweils zwei Schwänze locker in ein Zitrusblatt ein und verschließen das Paket mit einem Holzspieß. In einem Dämpfer etwa 4–6 Minuten garen.

- Die Krebse werden in den Blättern serviert und mit etwas Mango-Vinaigrette beträufelt.

### Sylvies Tipp

Anstatt der antillischen Flusskrebse („Ouassous“ bedeutet auf Kreolisch „König der Flüsse“) kann man auch heimische Krebse, kleine Kaisergranate, Bärenkrebse („Cigalles de mer“) oder „Lambis“, karibische Meeresschnecken, verwenden. Letztere sollte man vor dem Dämpfen allerdings mit einem Schneidebrett etwas weich klopfen.

FÜR 4 PERSONEN / ZUBEREITUNG 30 MIN. / GARZEIT 4 BIS 5 MIN.

# Beignets d'orphie, *sauce rouille*

## Krapfen vom Hornhecht mit Safran-Rouille

8 kleine Hornhechte
1 l Traubenkernöl
Salz, frisch gemahlener Pfeffer

### KRAPFENTEIG

300 g Mehl + 1 EL
100 g Maismehl
4 Msp. Backpulver
2 Msp. Natron
2 Eier
600 ml Wasser
Salz, frisch gemahlener Pfeffer

### ROUILLE

4 Knoblauchzehen
1 rote Chilischote
1 Eigelb
1 Prise Safran
200 ml Olivenöl
Salz, frisch gemahlener Pfeffer

### DER TEIG

• Alle Zutaten für den Teig müssen Sie mindestens eine Stunde kalt stellen. Vermengen Sie dann die Mehle mit Backpulver, Natron, Salz und Pfeffer, schlagen Sie die Eier und zum Schluss das Wasser in einem Schwung darunter. Verquirlen Sie den Teig kurz und kräftig mit dem Schneebesen, ohne dass dabei eine völlig homogene Masse entstehen muss. Einige Klümpchen stören nicht.

### DIE ROUILLE

• Den Knoblauch schälen Sie und hacken ihn grob. Die Chilischote wird in schmale Streifen geschnitten und gemeinsam mit Knoblauch, Eigelb und Safran in einen Mörser gegeben. Würzen Sie mit Salz und Pfeffer und verreiben Sie alles gründlich mit einem Stößel. Danach schlagen Sie wie bei einer klassischen Mayonnaise nach und nach das Öl unter, bis eine dicke, glasige Masse entstanden ist. Rühren Sie sie zum Schluss mit 1 EL warmem Wasser glatt. Mit Folie abgedeckt kalt stellen.

### DIE KRAPFEN

• Zunächst müssen Sie den Fisch filetieren, evtl. in kleinere Stücke teilen, waschen, abtupfen und mit Salz und Pfeffer würzen. Das Öl erhitzen Sie auf 180 °C. Dann tauchen Sie die Filets in den Teig, bestäuben sie mit etwas Mehl und geben sie ins heiße Fett. Wenn sie goldbraun geworden sind, nehmen Sie sie heraus und lassen sie auf Küchenpapier kurz abtropfen. Und dann schnell mit der Rouille servieren!

### Sylvies Tipps

Die „Rouille" ist die traditionelle Sauce zu vielen südfranzösischen Fischgerichten. Es gibt Rezepte auf der Basis von Kartoffeln oder – wie hier – von Mayonnaise. Für die Krapfen kann man statt Hornhechten auch Sardinen oder Sprotten verwenden. Ein toller Snack zum Aperitif!

FÜR 4 PERSONEN / ZUBEREITUNG 15 MIN. / GARZEIT 10 MIN.

# Paupiettes *de capitaine*

## Röllchen vom Capitaine mit Chilis und Oliven

4 Filets vom Capitaine
1 Dose in Öl eingelegte Sardellen
kernlose schwarze Oliven
4 milde Chilis („végétalien")
1 Bund Basilikum
Olivenöl
frisch gemahlener Pfeffer

- Heizen Sie den Ofen auf 210 °C vor. Zunächst schneiden Sie die Fischfilets in 2 cm breite Bänder. Dann legen Sie sie zwischen zwei Lagen Frischhaltefolie und klopfen sie mit eine Teigrolle vorsichtig flach. Anschließend mit Pfeffer würzen.

- In die Mitte jedes Filets platzieren Sie ein Sardellenfilet und zwei schöne Basilikumblätter, dann rollen Sie sie zu Paupiettes auf. Auf kleine Rouladennadeln spießen Sie je eine Olive und 1/2 Chili und stecken damit die Paupiettes von innen fest.

- Zum Schluss richten Sie die Paupiettes auf einem ofenfesten Teller an, beträufeln sie mit Olivenöl und garen sie etwa 10 Minuten im Ofen.

FÜR 4 PERSONEN / ZUBEREITUNG 10 MIN. / GARZEIT 10 MIN.

# Bananes légumes *poêlées*

## Gebratene Kochbananen

3 Kochbananen
1 milde Chili („végétalien")
1 EL Traubenkernöl
2 Limetten
1 Thymianzweigchen
5 Cives
3 Petersilienzweigchen
Salz, frisch gemahlener Pfeffer

- Halbieren und entkernen Sie die Chili, die saubere Schote hacken Sie fein und stellen sie beiseite.

- Die Enden der Bananen werden abgeschnitten, die Früchte längs aufgeschlitzt, geschält und in dicke Scheiben geschnitten.

- Erhitzen Sie das Öl in einer Pfanne und braten Sie die Kräuter darin an. Dann geben Sie die Bananenstücke dazu und lassen sie etwa 5 Minuten goldbraun werden. Dabei von Zeit zu Zeit vorsichtig wenden und darauf achten, dass sie nicht anbrennen. Danach lässt man sie auf Küchenpapier abtropfen und würzt sie mit Salz und Pfeffer. Nun nur noch die Chili darüberstreuen und sofort mit Limettenstücken servieren.

### Sylvies Tipp

Wenn die Bananen nicht reif genug sind, kann man sie beim Braten mit etwas Cidre beträufeln, so werden sie schön weich.
Eine tolle Beilage zu Lammspießen, Hähnchen-Curry, Kalbsbraten oder in der Pfanne gegrilltem Fisch.

FÜR 4 PERSONEN / ZUBEREITUNG 30 MIN. / GARZEIT 30 MIN.

# Feuilles de chou farcies

## Mit Gemüse gefüllte Kohlblätter

1/2 Baguette
1/4 l Milch
1 kleiner Grünkohl
1 Karotte
2 kleine Lauchstangen
1 Navette (Mairübe)
1 Zwiebel
2 Knoblauchzehen
30 g Butter
2 EL Olivenöl
1 EL Crème fraîche
2 Eier
1 Prise Quatre épices
(Mischung aus Pfeffer, Muskatnuss, Nelkenpulver und Zimt)
300 ml Cidre brut
Salz, frisch gemahlener Pfeffer

- Weichen Sie das Innere des Baguettes in der Milch ein. In der Zwischenzeit können Sie Karotte, Lauchstangen und Navette waschen und schälen, Zwiebel und Knoblauch schälen und alles fein hacken.
- Legen Sie die 8 schönsten Kohlblätter beiseite. Die restlichen viertelt man und blanchiert sie gemeinsam mit den ganzen Blättern 10 Minuten in kochendem Salzwasser. Nach dem Abgießen schneidet man die geviertelten Blätter in feine Streifen.
- Braten Sie alle kleingeschnittenen Gemüse in 20 g Butter und 1 EL Olivenöl an und würzen Sie die Mischung mit Salz und Pfeffer. In einer Salatschüssel mischen Sie anschließend das Gemüse mit dem ausgedrückten Brot, den Eiern und einer Prise „Quatre épices".
- Heizen Sie den Ofen auf 180 °C vor. Füllen Sie die ganzen Kohlblätter mit der Gemüsemischung, verschließen Sie sie zu kleinen Päckchen und binden Sie sie mit Küchenzwirn zusammen. Zunächst werden die Kohlblatt-Päckchen in einer Pfanne mit dem restlichen Fett kurz angebräunt, dann werden sie in eine ofenfeste Form gelegt, mit dem Cidre übergossen und 20 Minuten im Ofen gegart. Vor dem Servieren noch einmal abschmecken.

### Sylvies Tipp

Toll schmeckt die Füllung auch mit Senfkörnern oder kleingeschnittenen Fischfilets. Dazu passt dann eine – evtl. mit Zitronensaft abgeschmeckte – Buttersauce, die wir in Frankreich „Beurre blanc" nennen.

FÜR 4 PERSONEN / ZUBEREITUNG 20 MIN. / GARZEIT 15 MIN.

# Pain perdu *au beurre*

## Arme Ritter mit feiner Butter-Rohrzucker-Sauce

- 4 dicke Scheiben Kastenweißbrot
- 2 Eier
- 1/2 l Milch
- 1 TL Vanilleessenz
- 2 EL geklärte Butter
- 1/2 l Vanilleeis
- 4 Minzblätter

### SAUCE

- 250 g Butter
- 475 g Rohrzucker
- 3 Eier
- 3 EL Whisky

### DIE SAUCE

• Zerlassen Sie zunächst die Butter in einem Topf auf kleiner Flamme. Kurz bevor sie komplett geschmolzen ist, rühren Sie den Zucker darunter und geben die Mischung in eine ofenfeste Schüssel. In einem mäßig heißen Wasserbad schlagen Sie die Butter-Zucker-Masse mit einem Schneebesen cremig. Dann geben Sie die verquirlten Eier dazu und schlagen das Ganze weitere 5 Minuten, bis die Sauce schön luftig geworden ist. Zum Schluss rühren Sie nur noch den Whisky unter und stellen die Sauce beiseite.

### DAS PAIN PERDU

• Verquirlen Sie die Eier mit der Milch und der Vanille. In diese Mischung tunken Sie die Brotscheiben und drücken sie leicht aus. Braten Sie sie dann in einer Pfanne in der heißen Butter auf beiden Seiten, bis sie schön goldbraun sind. Zum Schluss halbieren Sie die Brotstücke diagonal, richten sie auf Tellern an, beträufeln sie mit der Buttersauce und verzieren sie mit einem Blättchen Minze. Um den Genuss perfekt zu machen, servieren Sie das „Pain perdu" mit einer Kugel Vanilleeis.

### Sylvies Tipp

Das Rezept ist ganz ähnlich wie Arme Ritter. Aber die wendet man schlicht in Zimtzucker, statt sie mit einer köstlichen Sauce zu begießen. Ich verfeinere die Sauce fast immer mit einer Prise Zimt aus Guadeloupe!

FÜR 4 PERSONEN / ZUBEREITUNG 20 MIN. / GARZEIT 30 MIN. / RUHEZEIT 30 MIN.

# Crêpes *au caramel*

## Karamellisierte Crêpes

300 ml Milch
150 g Mehl
3 Eier
100 g Rohrzucker
50 g Butter
1 Prise Salz
1 Schuss brauner Rum
Erdnussöl
50 g leicht gesalzene Butter
1/2 l Vanilleeis

- Erwärmen Sie die Milch mit 3 EL Wasser und verrühren Sie diese Mischung in einer Schüssel mit dem Mehl. Lassen Sie Mehl und Milch 30 Minuten quellen, bevor Sie die Eier, die Hälfte des Rohrzuckers, die zerlassene Butter, eine Prise Salz und den Rum darunterrühren.
- Fetten Sie eine kleine Pfanne mit einem in Erdnussöl getauchten Tuch und erhitzen Sie sie auf mittlerer Flamme. Backen Sie nacheinander die Crêpes und bewahren Sie sie zwischen zwei Tellern auf.
- Kurz vor dem Servieren lässt man die leicht gesalzene Butter in der Pfanne schmelzen und verrührt sie mit einer Prise Salz und dem restlichen Rohrzucker, bis der Zucker karamellisiert. Wenn das Karamell sich rötlich färbt, wenden Sie die Crêpes zum Aufwärmen darin. Dann richten Sie sie – gerollt oder zerknüllt – mit einer Kugel Vanilleeis an und beträufeln sie mit dem restlichen Karamell.

### Sylvies Tipp

Mit einigen frischen roten Früchten sehen die Crêpes nicht nur besonders schön aus, eine fruchtige Note ergänzt auch wunderbar die Süße des Karamells.

## Riz safrané aux petits légumes poêlés

### Safranreis mit feinem Pfannengemüse

**FÜR 4 PERSONEN**
**ZUBEREITUNG 15 MIN.**
**GARZEIT 15 MIN.**

200 g Reis
2 g Safranfäden
1 Zucchini
1 rote Paprika
2 Lauchstangen
2 EL Olivenöl
Saft von 1 Limette
1 EL Rosinen
4 Cives
Salz, frisch gemahlener Pfeffer

- Kochen Sie den Reis gemeinsam mit den Safranfäden in 400 ml Wasser. Nehmen Sie ihn vom Herd, sobald er gar ist, aber noch etwas Biss hat.
- Waschen Sie das Gemüse und lassen Sie es gründlich abtropfen, bevor Sie es so fein wie möglich schneiden. Dann braten Sie es kurz unter Rühren in einer Pfanne mit 2 EL Olivenöl an, geben den Reis und die Rosinen dazu, vermengen alles gründlich und würzen mit Salz, Pfeffer und Limettensaft. Nach etwa 2 Minuten geben Sie die gehackten Cives dazu und servieren den Safranreis dampfend heiß.

## Chatrous au vin rouge

### Kraken in Rotwein

**FÜR 4 PERSONEN**
**ZUBEREITUNG 30 MIN.**
**GARZEIT 1 STD. 30 MIN.**

1 kg kleine Kraken
Saft von 2 Limetten
1 Zwiebel
1/2 Bund Petersilie
3 Knoblauchzehen
3 Tomaten
2 EL Olivenöl
2 Thymianzweigchen
2 EL Tomatenmark
1 milde Chili („végétalien“)
50 ml Rotweinessig
2 Prisen Rohrzucker
500 ml Rotwein
Salz, frisch gemahlener Pfeffer

- Reinigen Sie die Kraken, trennen Sie die Körper von den Tentakeln und nehmen sie die umgestülpten Körperhüllen sorgfältig aus. Dann werden alle Teile mehrmals in frischem, mit Zitronensaft versetztem Wasser gewaschen, abgeschüttet und mit Küchenpapier trocken getupft. Klopfen Sie die Kraken mit einem Schneidebrett 3 Minuten auf der Arbeitsfläche weich.
- Hacken Sie Zwiebel und Petersilie fein und zerdrücken Sie den Knoblauch. Die Tomaten werden gewaschen und gewürfelt. Schneiden Sie auch Körper und Tentakel der Kraken in kleine Würfel. Braten Sie die Krakenteile in einem gusseisernen Schmortopf 2–3 Minuten lang unter ständigem Rühren in dem heißen Olivenöl scharf an. Dann geben Sie zunächst Zwiebel, Knoblauch, Petersilie und die Thymianblättchen dazu, danach die Tomatenwürfel, das Tomatenmark und die ganze Chili. Mit Salz, Pfeffer, Essig und Zucker würzen und mit dem Wein ablöschen.
- Sobald die Mischung wieder zu kochen beginnt, senken Sie die Temperatur, verschließen den Topf und lassen die Zutaten 1 Stunde schmoren. Dann nehmen Sie den Deckel ab, geben falls nötig noch etwas Wasser dazu und lassen alles noch einmal 15 Minuten köcheln.

### Sylvies Tipp

Damit die Kraken besonders zart werden, koche ich sie zuvor in einem großen Topf Wasser, in den ich den Natur-Korken einer Weinflasche gebe.

# *Espadon pané au coco*

## In Kokos panierter Schwertfisch mit Austernsauce

**FÜR 4 PERSONEN**
**ZUBEREITUNG 40 MIN.**
**GARZEIT 10 MIN.**

4 nicht zu dicke Scheiben Schwertfisch
150 g frisches Kokos-Fruchtfleisch
1 l Traubenkernöl

### TEIG

300 g Mehl
100 g Maismehl
4 Msp. Backpulver
2 Msp. Natron
2 Eier
600 ml Wasser
Salz, frisch gemahlener Pfeffer

### AUSTERNSAUCE

30 g getrocknete schwarze China-Pilze
6 Cives
120 g Butter
3 TL chinesische Austernsauce
100 ml trockener Weißwein oder Cidre
200 ml Schlagsahne
Saft von 1/2 Limette
125 g kalte Butter
Salz, frisch gemahlener Pfeffer

- Stellen Sie eine Stunde vor der Zubereitung des Teigs alle Zutaten kalt.
- Den Ofen auf 180 °C vorheizen. Zerkleinern Sie das Fleisch der Kokosnuss mit einer groben Reibe und trocknen Sie es vorsichtig auf einem Backblech im Ofen. Dabei müssen die Flocken mehrmals gewendet werden. Sobald sie braun werden, nehmen Sie sie heraus.
- Teig: Vermengen Sie die Zutaten für den Teig und geben Sie das Wasser zum Schluss in einem Schwung dazu. Dann verquirlen Sie den Teig kräftig mit einem Schneebesen. Es macht nichts, wenn sich dabei ein paar Klümpchen bilden. Erhitzen Sie das Öl auf 180 °C.
- Austernsauce: Die getrockneten Pilze werden mit kochendem Wasser übergossen und 30 Minuten eingeweicht. Dann gießen Sie sie ab, spülen sie und schneiden sie in feine Streifen. Die gehackten Cives dünsten Sie in 25 g Butter und vermengen sie dann mit den Pilzen, der Austernsauce und dem Weißwein oder Cidre. Lassen Sie die Sauce um ein Drittel einkochen, bevor Sie die Schlagsahne dazugeben und alles auf kleiner Flamme einige Minuten unter Rühren wallen lassen. Jetzt nehmen Sie den Topf vom Herd, rühren den Limettensaft dazu, schlagen die Sauce mit einem Schneebesen auf und arbeiten nach und nach die kalten Butterstückchen ein. Vorsichtig salzen (die chinesische Austernsauce ist recht salzig), großzügig mit Pfeffer würzen und warmhalten.
- Würzen Sie die Fischfilets mit Salz und Pfeffer. Dann ziehen Sie sie durch den Teig, wenden sie in den Kokosflocken und geben sie sofort ins heiße Öl. Drehen Sie sie vorsichtig darin, sodass sie von allen Seiten schön goldbraun werden, bevor Sie sie auf Küchenpapier etwas abtropfen lassen und mit der Austernsauce servieren.

## *Chocolat chaud aux épices*

### Heiße Schokolade mit Gewürzen

**FÜR 4 PERSONEN**
**ZUBEREITUNG 10 MIN.**
**GARZEIT 10 MIN.**

1 Stange Kakao
250 g Schokolade mit 72 % Kakao
1 Stange Zimt
1 Vanilleschote
250 ml Sahne
1 Tasse Espresso

• Lösen Sie die Kakaostange im Wasserbad mit einem Glas Wasser auf. Geben Sie die in Stücke gebrochene Schokolade und die Zimtstange dazu und kratzen Sie das Mark aus der Vanilleschote in den Topf. Nachdem die Mischung langsam geschmolzen und heiß geworden ist, gießen Sie Sahne und Espresso dazu. Damit die heiße Schokolade schön luftig wird, geben Sie sie vor dem Servieren kurz in den Mixer. Besonders schön sieht es mit einem Klecks frisch geschlagener Sahne aus.

## *Infusion à la citronnelle*

### Zitronengras-Tee

**FÜR 1 PERSON**
**ZUBEREITUNG 3 MIN.**

5 frische Stängel Zitronengras
evtl. Rohrzucker

• Spülen Sie die Stängel ab und schneiden Sie sie in Stückchen. Bringen Sie Wasser zum Kochen und werfen Sie die Stängel hinein. Je nach Geschmack kurz oder länger ziehen lassen. Ein wunderbar frisches Getränk, egal ob heiß oder eisgekühlt, ungesüßt oder mit Rohrzucker.

# Picknick

## *am Strand*

Das Wetter ist ideal. Georges und Sylvie sind mit Jean-Luc zum Picknick am Meer verabredet. Sie sind schon seit Ewigkeiten mit dem Fischer befreundet, eigentlich seit sie sich auf Tendacayou niedergelassen haben. Gegen Mittag trifft man sich am Strand. Jean-Luc hat seinen vielfarbigen, zappelnden Fang ausgebreitet und erzählt lachend von seinem Fischzug, während er am „Planters Punch" nippt. Ein Picknick auf Guadeloupe ist keine Unternehmung wie jede andere. Man beweist vor allem Improvisationstalent, denn man bringt so wenig Zubehör wie möglich mit, das ist Ehrensache. Stecken Sie ein Messer ein und vergessen Sie den Rest, denn der Strand ist ein Paradies für Sachenfinder und ein Königreich für Bastler. So wird aus einem halben, mit Kohlen gefüllten Benzinfass ein Grill. Zum Beispiel, um den Fisch über Zuckerrohr zu räuchern. Dazu braucht es kaum mehr als eine „Brandade", ein Mus aus Klippfisch, und eine würzige „Sauce chien" (Seite 55). Wenn es der Fang hergibt, bereitet Sylvie auch „Lambis" zu, das sind karibische Meeresschnecken, die sie mit Knoblauch und Petersilie brät – eine Delikatesse! Danach kann man sich genüsslich im Schatten einer Palme ausstrecken und sich verführen lassen von gegrillten, saftig erfrischenden Ananasstückchen auf einem Spieß aus Zuckerrohr.

Knalliges Blau, das türkis schimmernde Meer, regenbogenbunte Fische...
alles Zutaten für einen gelungenen Tag am Strand.

# Bananen

1

2

3

4

Wo Bananen so selbstverständlich in jedem Garten wachsen, kennt man natürlich unzählige verschiedene Sorten:

**KOCHBANANE oder PLANTAIN** (linke Seite und 4): Grün oder – wenn sie reif ist – knallgelb mit schwarzen Flecken gilt diese Banane als Alleskönnerin der karibischen Küche. Man kann sie süß oder salzig zubereiten, in der Schale gekocht, als Gratin, geschmort, mit Butter und Zucker gebraten, als Krapfen und sogar als getrocknete Chips zum „Ti-Punch". Jeder Garten, der etwas auf sich hält, beherbergt mindestens eine Plantain-Staude.

**APFELBANANE oder FIGUE POMME** (1): Diese schmalere, gedrungene Banane hat eine sehr feine Schale, die aufplatzt, sobald die Frucht reif ist – sehr zur Freude der Vögel! Ihr zartes, fein säuerliches Fleisch macht sie zu einer idealen Obstbanane, pur, als Obstsalat oder Konfitüre.

**POYO-Banane** (2 und 3): Auf den Antillen ist sie die traditionelle Obstbanane. Man kann sie sogar grün essen. Gekocht gibt sie einer Fischbrühe Würze, zerdrückt kann man herrliche Gratins aus ihr machen, die an Esskastanienmus erinnern. Und wenn sie schön gelb gereift ist, gelingen mit ihr die wunderbarsten Konfitüren – vor allem in Kombination mit Karambole. Außerdem genießt man die Poyo, die man auch als „Figue", also Feige, bezeichnet, auf Tartes, flambiert oder ganz einfach aus der Hand!

FÜR 4 PERSONEN / ZUBEREITUNG 20 MIN. / GARZEIT 20 MIN. / KÜHLZEIT 1 STD.

# Chiquetaille *et avocat*

## Stockfisch mit Avocado

500 g Stockfisch
1 reife Avocado
3 kleine weiße Zwiebeln
2 Knoblauchzehen
3 Cives
1 kleiner Bund Petersilie
Saft von 2 Limetten
2 EL Zuckerrohressig
3 EL Olivenöl
1/4 Chili von den Antillen, gehackt

- Heizen Sie den Grill im Backofen vor. Pochieren Sie den Stockfisch 5 Minuten in Wasser und wiederholen Sie diesen Vorgang noch zweimal mit frischem Wasser. Danach lassen Sie den Fisch auf Küchenpapier abkühlen, bevor er 5 Minuten im Ofen gegrillt wird. Zum Schluss entfernen Sie Haut und Gräten und zerpflücken das Fleisch mit den Fingern.

- Halbieren Sie die Avocado, legen Sie den Kern beiseite und würfeln sie das Fruchtfleisch. In einer Schüssel vermengen Sie danach Avocado, Stockfisch, gehackte Zwiebeln, zerdrückten Knoblauch und die fein geschnittenen Kräuter. Danach geben Sie den Limettensaft, Essig, Öl und die gehackte Chili dazu und mischen alles gründlich miteinander. Der Avocado-Kern wird in die Mitte gedrückt, anschließend muss das Ganze mindestens 1 Stunde im Kühlschrank ziehen.

### Sylvies Tipp

„Déchiquetter" heißt auf Kreolisch „Zerpflücken", daher hat dieses typische Rezept seinen Namen. Je länger die „Chiquetaille" Zeit zum Ziehen hat, desto besser können sich ihre Aromen entfalten und verbinden. So bekommt das Ganze einen wunderbaren Duft.

FÜR 4 PERSONEN / ZUBEREITUNG 10 MIN. / GARZEIT 30 MIN.

# Brandade de morue *aux piments*

## Klippfischmus mit Chilis

400 g Klippfisch
1 Knoblauchzehe, gehackt
300 g milde Chilis („végétalien")
1/4 l Olivenöl

- Geben Sie den Klippfisch in einen Topf mit kochendem Wasser und lassen Sie ihn 10 Minuten wallen. Wiederholen Sie diesen Vorgang noch zweimal mit frischem Wasser, dann lassen Sie den Fisch abtropfen.

- Entfernen Sie Haut und Gräten und zerpflücken Sie das Fleisch. Der noch warme Fisch wird nun einfach mit Knoblauch und Chilis im Mixer püriert. Gießen Sie das Öl darüber und mixen sie noch einmal kräftig, bevor Sie die „Brandade" lauwarm mit Croutons – zum Beispiel zum Aperitif – servieren.

### Sylvies Tipp

Klippfisch wird im Gegensatz zu Stockfisch nicht nur getrocknet, sondern auch stark gesalzen. Doch mit diesem Kniff entsalze ich den Klippfisch im Nu: Geben Sie beim Pochieren ein Stück Holzkohle ins Wasser.

FÜR 4 PERSONEN / ZUBEREITUNG 30 MIN. / GARZEIT 55 MIN.

# Lambis poêlés à l'ail *et au persil*

## Karibische Meeresschnecken aus der Pfanne

1 kg frische Lambis (karibische Meeresschnecken)
2 EL Branntweinessig
Saft von 1 Limette
50 g leicht gesalzene Butter
2 Knoblauchzehen
1/2 Bund glatte Petersilie
Salz, frisch gemahlener Pfeffer

- Reinigen Sie die Meeresschnecken in einer Mischung aus Wasser, Branntweinessig und Limettensaft, bis ihre Haut runzlig wird. Öffnen Sie die Schnecken dann in Längsrichtung, so können Sie die gelbe Partie im Inneren herauskratzen und die schwarze Haut von den Enden her abziehen. Nun muss man die „Lambis“ mit einem Schneidebrett weich klopfen, bevor man das Fleisch fein schneidet. Garen Sie es im Dämpfeinsatz 45 Minuten, bis es zart ist.

- Lassen Sie die Butter in einer Schwenkpfanne zergehen, geben Sie die gut abgetropften Schnecken, den vom Keim befreiten und zerdrückten Knoblauch, Salz und Pfeffer dazu und braten Sie das Ganze etwa 10 Minuten unter Rühren an. Jetzt nur noch mit Petersilie bestreuen und sofort servieren!

### Sylvies Tipp

„Lambis“ (karibische Meeresschnecken) sind hier natürlich nur sehr schwer frisch zu bekommen. Sie schmecken so ähnlich wie Jakobsmuscheln.

FÜR 4 PERSONEN / ZUBEREITUNG 30 MIN. / GARZEIT 30 MIN.

# Poisson *boucané*

## Über Zuckerrohr geräucherter Fisch

1 schöne Dorade
3 Zuckerrohrstangen
1 Bananenblatt

**SAUCE CHIEN**

3 Cives
2 Knoblauchzehen
1/2 Chili von den Antillen
1/2 Bund glatte Petersilie
3 EL Zuckerrohressig
5 EL Erdnussöl
1 milde Chili („végétalien“)
Saft von 2 Limetten

### DIE SAUCE CHIEN

• Hacken Sie Cives, Knoblauch, Petersilie und die Chili, nachdem Sie deren Kerne entfernt haben. Vermengen Sie die Zutaten mit Essig, Öl und Limettensaft. Zum Schluss geben Sie die in feine Ringe geschnittene milde Chilischote dazu und verrühren alles mit 5 EL Wasser.

### DAS RÄUCHERN ÜBER ZUCKERROHR

• Spalten Sie das Zuckerrohr längs in zwei Hälften und zünden Sie es in einem Grill an. Installieren Sie den Rost darüber und legen Sie den Fisch darauf. Wenn Sie jetzt noch das Bananenblatt darüber legen, kann er im Dampf sanft garen.

### Sylvies Tipp

Ganz ähnlich kann man auch andere Fische oder Fleisch im Rauch garen. Dazu gehört auf den Antillen immer die „Sauce chien“.

FÜR 4 PERSONEN / ZUBEREITUNG 20 MIN. / GARZEIT 45 MIN. / ENTSALZEN 1 NACHT

# Gombos à la tomate *et à la morue*

## Gombos mit Tomaten und Klippfisch

300 g Klippfisch vom Kabeljau
4 EL Olivenöl
500 g Gombos
(Okra-Schoten von den Antillen)
1 kg Tomaten
4 Cives
2 Msp. Rohrzucker
1 milde Chili („végétalien")
100 ml Rotwein
Cayennepfeffer
1/2 Bund Dill
Salz, frisch gemahlener Pfeffer

### DER KLIPPFISCH

- Entsalzen Sie den Klippfisch mindestens 8 Stunden in einem großen Topf mit kaltem Wasser. Wechseln Sie das Wasser dabei möglichst häufig.

- Am nächsten Tag pochieren Sie den Fisch 10 Minuten in kochendem Wasser, dann lassen Sie ihn abtropfen und braten ihn in der Pfanne mit 2 EL Olivenöl an.

### DIE GOMBOS

- Entfernen Sie die Stiele der „Gombos" und blanchieren Sie die Schoten 3 Minuten in kochendem Salzwasser. Die Tomaten übergießt man mit kochendem Wasser, um sie zu häuten. Dann werden Sie entkernt, gehackt und zu 2 EL heißem Olivenöl in einen Schmortopf gegeben. Rühren Sie die grob gehackten Cives, den Zucker und die gehackte Chili unter und löschen Sie das Ganze mit dem Rotwein ab. Bei geschlossenem Deckel schmort die Sauce 30 Minuten auf kleiner Flamme. Zum Schluss mit Salz und Pfeffer abschmecken.

- Geben Sie den Fisch in die Sauce und lassen Sie ihn 10 Minuten kochen, bevor Sie die „Gombos" untermischen. Nun noch weitere 5 Minuten köcheln lassen, dann mit Cayennepfeffer würzen, den kleingeschnittenen Dill darüberstreuen und heiß servieren.

### Sylvies Tipps

Eine Stange Sellerie gibt der Tomatensauce zusätzlichen Pfiff. Statt der „Gombos" können Sie auch andere Okras, Artischockenböden oder grüne Bohnen nach diesem Rezept zubereiten.

# Bananes *flambées*

## Flambierte Bananen

**FÜR 4 PERSONEN**
**ZUBEREITUNG 5 MIN.**
**GARZEIT 10 MIN.**

8 Bananen, am besten „Poyo"
50 g mild gesalzene Butter
2 EL Puderzucker aus Rohrzucker
Saft von 1 Limette
alter Rum
frisch gemahlener Pfeffer

- Schälen Sie die Bananen und braten Sie sie rundum in der heißen Butter an. Danach werden die Früchte mit dem Zucker bestreut und mit Limettensaft und Pfeffer gewürzt. Zum Schluss gießen Sie den Rum darüber und flambieren sofort.

### Sylvies Tipp

Ein, zwei Prisen frisch gemahlener Szechuan-Pfeffer unmittelbar vor dem Servieren bringen die Aromen dieses Desserts erst richtig zur Geltung.

# Beignets *de banane*

## Bananenkrapfen mit Schokosauce

**FÜR 4 PERSONEN**
**ZUBEREITUNG 20 MIN.**
**GARZEIT 15 MIN.**
**MARINIEREN 1 STD.**

3 Bananen
Saft von 1 Limette
1 l Traubenkernöl

KRAPFENTEIG
200 g Mehl
4 Msp. Backpulver
2 Msp. Natron
1 TL Rohrzucker
1 Ei – 300 ml Wasser
Salz, frisch gemahlener Pfeffer

SCHOKOSAUCE
200 g Schokolade mit 72 % Kakao
200 ml Sahne
1 EL Puderzucker
100 g Butter

- Schälen Sie die Bananen und schneiden Sie sie in Scheibchen. Mit dem Limettensaft beträufelt lassen Sie sie 1 Stunde ziehen.

- Stellen Sie alle Zutaten für den Krapfenteig 1 Stunde vor der Zubereitung kalt. Dann verquirlen Sie Mehl, Backpulver, Natron, Salz und Pfeffer mit dem Ei. Zum Schluss geben Sie das Wasser in einem Schwung dazu und schlagen den Teig kurz mit einem Schneebesen. Es macht nichts, wenn sich dabei ein Paar Klümpchen bilden.

- Schmelzen Sie die Schokolade unter ständigem Rühren im Wasserbad. In einem kleinen Topf bringen Sie gleichzeitig die Sahne mit dem Zucker zum Kochen und gießen sie, kräftig rührend, zur geschmolzenen Schokolade. Dann nimmt man die Mischung vom Herd und schlägt die in kleine Würfel geschnittene Butter unter. Halten Sie die Sauce bis zum Servieren warm.

- Tunken Sie die Bananenstückchen in den Krapfenteig und geben Sie sie in das heiße Öl, bis sie schön goldgelb geworden sind. Auf Küchenpapier etwas abtropfen lassen, dann mit der Sauce servieren.

### Sylvies Tipp

Ein Schuss Rum, Kaffee-Extrakt oder starker Espresso geben der Schokosauce zusätzlich Geschmack.

FÜR 4 PERSONEN / ZUBEREITUNG 30 MIN. / GARZEIT 5 MIN.

# Brochettes d'ananas

## Ananasspießchen auf Zuckerrohr

2 frische Ananas
der Sorte „Victoria"
150 ml alter Rum
1 frisches Zuckerrohr
8 Limettenblätter
Puderzucker aus Rohrzucker

- Die Früchte werden von den Blättern getrennt, geschält, in Scheiben geschnitten und geviertelt, der Strunk wird herausgeschnitten. Begießen Sie die Ananasstücke mit Rum und lassen Sie sie einen Moment ziehen. Schälen Sie auch das Zuckerrohr und schneiden Sie es in feine, spitze Stäbchen.

- Heizen Sie den Grill des Backofens vor. In der Zwischenzeit stecken Sie die Ananasstücke auf das Zuckerrohr, jeweils getrennt von halben Limettenblättern. Die fertig vorbereiteten Spießchen bestreuen Sie mit Puderzucker.

- Jetzt kommen sie einige Minuten auf einem ofenfesten Teller unter den heißen Grill, bevor man sie warm, vielleicht mit einer Kugel Vanilleeis, genießt.

### Sylvies Tipp

Wenn Sie die Zuckerrohrstäbe zuvor etwas wässern, lassen sich die Ananasstücke leichter aufspießen. Aber auch auf einfachen Holzspießen schmeckt die Ananas super.

# Beignets de carambole au curry

## Curry-Karambole-Krapfen

**FÜR 4 PERSONEN**
**ZUBEREITUNG 30 MIN.**
**GARZEIT 10 MIN.**

4 Karambole
1 l Traubenkernöl
3 milde Chilis („végétalien")
6 Cives
2 EL Currypulver

**TEIG**

300 g Mehl
100 g Maismehl
4 Msp. Backpulver
2 Msp. Natron
2 Eier
600 ml Wasser
Salz, frisch gemahlener Pfeffer

- Stellen Sie alle Zutaten für den Krapfenteig 1 Stunde vor der Zubereitung kalt. Dann verquirlen Sie Mehl, Backpulver, Natron, Salz und Pfeffer mit dem Ei. Zum Schluss geben Sie das Wasser in einem Schwung dazu und schlagen den Teig kurz mit einem Schneebesen. Es macht nichts, wenn sich dabei ein Paar Klümpchen bilden. Stellen Sie den Teig bis zur Verwendung kalt.

- Erhitzen Sie das Öl in einer Fritteuse auf 180 °C. Die Karambole werden geschält und in Scheiben geschnitten. Nachdem Sie Cives und Chili ganz fein gehackt haben, wenden Sie die Karambole-Scheiben nacheinander in Curry, Chili und Cives.

- Nun werden die Karambole in den Teig getunkt und im heißen Öl ausgebacken. Danach noch kurz auf Küchenpapier abtropfen lassen und sofort servieren.

### Sylvies Tipp

Ein toller Snack zum Ti-Punch von Seite 15.

# Potée de poissons aux petits légumes

## Gemüse-Fischtopf mit Senfsauce

**FÜR 6–8 PERSONEN**
**ZUBEREITUNG 30 MIN.**
**GARZEIT 30 MIN.**

1 kg dicke Fischfilets (z.B. Dorade, Königsmakrele), grob gewürfelt
2 Karotten, 2 Navetten (Mairüben)
2 Lauchstangen, 1 Fenchelknolle
1/2 Grünkohl
2 Zwiebeln
3 Knoblauchzehen
3 frische Thymianzweigchen
2 EL Olivenöl
350 ml Cidre brut
500 ml Fischfond
evtl. 1 Fischkopf
4 Schalotten
30 g mild gesalzene Butter
2 EL grobkörniger Senf
100 ml Sahne
50 g sehr kalte Butter
1 Bund glatte Petersilie
Salz, frisch gemahlener Pfeffer

- Waschen, putzen und hacken Sie das Gemüse. Blanchieren Sie den Kohl 3 Minuten in kochendem Salzwasser. Nach dem Abtropfen braten Sie ihn mitsamt dem restlichen Gemüse, den gehackten Zwiebeln, dem zerdrückten Knoblauch und dem Thymian in einem großen Topf mit Olivenöl an. Würzen Sie das Gemüse kräftig mit Salz und Pfeffer und gießen Sie 250 ml Cidre und den Fischfonds an. Wer möchte, gibt nun den Fischkopf dazu. Dann den Topf schließen und alles 30 Minuten sanft köcheln lassen.

- Braten Sie in einer Pfanne die grob gehackten Schalotten in der gesalzenen Butter an, rühren Sie den Senf unter und lösen Sie ihn im restlichen Cidre und der Sahne auf. Nachdem die Mischung etwa 2 Minuten gekocht hat, schlagen Sie die in Würfel geschnittene kalte Butter unter, bis die Sauce Volumen bekommt. Würzen Sie mit Salz und Pfeffer und der fein geschnittenen Petersilie.

- Lassen Sie die Fischwürfel in die heiße Gemüsebrühe gleiten und schmecken Sie sie ab. Nach dem Anrichten in Suppentellern oder kleinen Schüsselchen löffeln Sie etwas Senfsauce über den Fischtopf und garnieren ihn evtl. noch mit Knoblauch-Croutons. Dann schön heiß servieren!

### Sylvies Tipp

Experimentieren Sie bei diesem Rezept mit verschiedenen Gewürzen und Kräutern, die Petersilie können Sie zum Beispiel auch durch Estragon ersetzen.

# Paupiettes de marlin fumé

## Röllchen vom geräucherten Marlin mit feiner Vinaigrette

**FÜR 4 PERSONEN**
**ZUBEREITUNG 20 MIN.**
**GARZEIT 10 MIN.**

4 feine Scheiben geräucherter Marlin
1 mittelgroße junge Lauchstange
gemischter Salat

**VINAIGRETTE**

2 Cives
1 EL Himbeeressig
1 TL grobkörniger Senf
3 EL Olivenöl
Salz, frisch gemahlener Pfeffer

- Bereiten Sie zunächst die Vinaigrette zu: Geben Sie die fein gehackten Cives mit Salz und Pfeffer in ein Schälchen, verrühren Sie sie mit Senf und Essig und lassen Sie das Öl in einem dünnen Strahl hineinrinnen, wobei Sie kräftig rühren. Zum Schluss abschmecken.

- Putzen Sie den Lauch, schneiden Sie das untere Ende und die dunklen äußeren Blätter ab und garen Sie ihn 10 Minuten in einem Dämpfeinsatz. Danach vierteln Sie die Stange und beträufeln sie mit der Vinaigrette.

- Geben Sie auf jede Scheibe Marlin ein Stück Lauch und rollen Sie sie zu „Paupiettes“ auf. Dazu schmeckt am besten ein gemischter Salat.

### Sylvies Tipp

Dieses Rezept bereite ich auch oft mit Räucherlachs, Räucherforelle oder geräuchertem Schellfisch zu.

## *Raie panée*

### Im Ofen gebackener panierter Rochen

**FÜR 4 PERSONEN**
**ZUBEREITUNG 20 MIN.**
**GARZEIT 15 MIN.**

1 Rochenflügel, etwa 800 g
1/4 altbackenes Baguette
6 Knoblauchzehen
1/2 Bund glatte Petersilie
Olivenöl
Salz, frisch gemahlener Pfeffer

- Heizen Sie den Backofen auf 180 °C vor. Filetieren Sie den Rochenflügel, falls das der Fischhändler noch nicht getan hat, ziehen Sie die Haut von den beiden Filets und halbieren Sie sie. Die vier fertigen Filets legen Sie auf einen geölten, ofenfesten Teller und würzen sie mit Salz und Pfeffer.

- Verarbeiten Sie das Baguette zu groben Bröseln und zerkleinern Sie Petersilie und Knoblauch gemeinsam im Mixer. Wenden Sie den Fisch in dieser Mischung und danach in den Bröseln und beträufeln Sie ihn anschließend mit Olivenöl. Nun werden die Rochenfilets 15 Minuten im heißen Ofen gebacken und danach sofort serviert.

# Ausflug
## zum Fluss

Die Ausflüge zum Fluss sind zur festen Tradition geworden, eigentlich schon kurz nachdem die Familie nach Guadeloupe kam und Tendacayou aus der üppigen Vegetation um Deshaies hervorwuchs. Damals entdeckte Georges einen holprigen Pfad entlang eines Flussbetts. Etwas stromaufwärts fand er dann einen zauberhaften, vom Urwald fast verschlungenen Bach, in den er sich sofort verliebte.

Auch heute braucht man ihn nicht lange zu bitten und er klemmt sich mitten am Tag hinter das Steuer seines Geländewagens. Gemeinsam mit Sylvie und ihrem jüngeren Sohn Dimitri geht es dann zum Zelten an ihr Heiligtum, dem Plätzchen am Bach, keine zehn Autominuten von Tendacayou entfernt. Während das Feuer knistert und das Blechgeschirr klappert, schlemmt man bei kleinen Gerichten, die Sylvie zu Hause vorbereitet hat und die man hier über der heißen Glut aufwärmt. Zum Beispiel unglaublich gute Ouassous in Filoteig. Sylvie wählt die schönsten Exemplare dieser karibischen Süßwasserkrebse in der Zucht von Séverin aus, der besten des Landes. Auf jeden Fall gehört auch ihr köstliches Thunfisch-Chili zu einem solchen Picknick im Wald. Danach gibt es als ganz unkompliziertes Dessert einen frischen Obstsalat. Und nicht zu vergessen den Cashew-Apfel-Punsch, denn er ist genau die richtige Erfrischung in der tropischen Hitze Guadeloupes!

Inmitten der grandiosen grünen Dschungel-Architektur wäscht Sylvie das Geschirr im Fluss und überwacht mit Kennerblick das Feuer.

# Küchenkräuter

1

2

3

4

**CIVE** (linke Seite und 2): Einer der typischsten Bestandteile der karibischen Küche. Die Cive ist mit Schnittlauch und Frühlingszwiebel verwandt und kann auch ohne weiteres durch sie ersetzt werden. Sie ist weiß und grün oder aber rötlich, vor allem wenn sie von der Insel Marie-Galante stammt. Man kauft sie im Bund, oft gemeinsam mit glatter Petersilie oder Thymian. Ganz fein gehackt ist die Cive die wichtigste Zutat der kreolischen „Sauce chien“ (Seite 55).

**PIMENT** (1) ist im Deutschen auch unter den Namen Nelken- oder Jamaikapfeffer bekannt. Aber Vorsicht vor Verwechslungen: Im Französischen bedeutet „piment“ Chilischote, unser Piment wird dort dagegen als „bois d'inde“ bezeichnet. Auf den Antillen verwendet man nicht nur die getrockneten Beeren, sondern auch die Rinde und die Blätter des Pimentbaumes. Letztere verströmen, wenn man sie zwischen den Fingern reibt, einen feinen Duft von Nelke, Ingwer, Muskat, Zimt und manchmal auch Zitrone. Dieser unglaubliche Reichtum an Aromen macht sie zu einem der beliebtesten Gewürze für Fleisch und Fisch.

**BREITER THYMIAN** (3): Der karibische Verwandte des mediterranen Küchenkrauts wächst überall auf Guadeloupe. Seine hellgrünen Blätter sind dick und samtig. Sie geben zum Beispiel der Fischbrühe eine angenehm zitronige Note.

**ZITRONENGRAS** (4) wächst in dicken Büscheln in fast jedem Garten auf Guadeloupe. Man verwendet es nicht nur zum Kochen, es hält auch Mücken fern. Außerdem dient es medizinischen Zwecken: Ein Aufguss aus Zitronengras (Seite 39) fördert die Verdauung.

FÜR 4 PERSONEN / ZUBEREITUNG 5 MIN. / ZIEHEN 1 STD.

## Punch *cajou*

### Cashew-Apfel-Punsch

120 g Cashew-Äpfel (siehe S. 125)
Saft von 1 Limette
1 EL Rohrzucker
1 Vanilleschote
1 Zimtstange
weißer Rum

- Schneiden Sie die Cashew-Äpfel in einer Salatschüssel in Stücke. Mit Limettensaft, einem gut gehäuften EL Rohrzucker, dem Mark der Vanilleschote und etwas Zimt vermischt, müssen sie 1 Stunde ziehen. Dann geben Sie je 1 EL der Mischung in ein Glas und gießen den weißen Rum darüber.

FÜR 1 PERSON / ZUBEREITUNG 3 MIN.

## Punch *maracudja*

### Maracuja-Punsch

1 gelbe Maracuja
1 TL Rohrzucker
1 Limettenviertel
weißer Rum

- Öffnen Sie die Maracuja, löffeln Sie das Fruchtfleisch heraus und mischen Sie es in einem Glas mit 1 TL Rohrzucker. Dann geben Sie das Limettenviertel dazu und zerdrücken alles mit einem Stößel, sodass der Zucker glasig wird. Zum Schluss gießen Sie den weißem Rum darüber.

FÜR 4 PERSONEN / ZUBEREITUNG 30 MIN. / GARZEIT 35 MIN.

# Boudins grillés, *ti'concombres*

## Gegrillte Blutwurst mit Antillengurken-Gemüse

8 Boudins antillais
(antillische Blutwürstchen)
8 Antillengurken (siehe Tipp)
oder kleine Landgurken
2 EL Olivenöl
2 Knoblauchzehen
2 Thymianzweigchen
1/2 Bund Petersilie
1 milde Chili („végétalien“)
4 Cives
Saft von 1 Limette
Salz, frisch gemahlener Pfeffer

### VINAIGRETTE

1/4 Wirsing
1 Chili
4 Cives
1 Bund glatte Petersilie
2 EL Zuckerrohressig
4 EL Erdnussöl
Salz

### DIE WIRSING-VINAIGRETTE

• Waschen und hobeln Sie den Wirsing, entkernen und zerkleinern Sie die Chili und vermischen Sie beides mit den fein gehackten Cives und der Petersilie. Nun werden die Zutaten gesalzen, mit Essig, Öl und 2 EL Wasser verrührt und beiseite gestellt.

### DAS GURKENGEMÜSE

• Bürsten Sie die Gurken gründlich ab und vierteln Sie sie der Länge nach. Gemeinsam mit den Thymianblättchen, den zerdrückten Knoblauchzehen, der zerkleinerten Petersilie, den gehackten Cives und der gehackten Chili braten Sie sie in 2 EL Olivenöl an. Dann würzen Sie das Gemüse mit Salz und Pfeffer, löschen es mit einem Glas Wasser ab und dünsten es 25 Minuten. Mit Limettensaft mild gesäuert wird das Gemüse warm gestellt.

• Stecken Sie die Würstchen längs auf hölzerne Spieße und grillen Sie sie langsam auf dem Rost oder unter dem Ofengrill. Dabei muss man sie mehrmals wenden. Dann servieren Sie die Würstchen mit dem Gurkengemüse und der Vinaigrette.

### Sylvies Tipp

„Ti-concombre“ ist kreolisch und bedeutet kleine Gurke. Die Antillengurke sieht so ähnlich aus wie eine kleine Landgurke, hat aber eine stachelige Haut und noch mehr Eigengeschmack. Manchmal bekommt man sie bei uns auch unter der Bezeichnung Jamaica- oder Igelgurke.

FÜR 4 PERSONEN / ZUBEREITUNG 5 MIN. / GARZEIT 15 MIN.

# Sandwichs *au marlin fumé*

## Sandwiches mit Rührei und geräuchertem Marlin

- 8 frische Eier
- 2 Scheiben geräucherter Marlin
- 4 EL Crème fraîche
- 1 TL Butter
- 4 knusprige Körnerbrötchen
- 2 Cives
- Salz, frisch gemahlener Pfeffer

• Heizen Sie den Backofengrill vor. Schlagen Sie die Eier auf, verquirlen Sie sie in einem Topf und würzen Sie sie mit Pfeffer und Salz. Unter ständigem Rühren werden die Eier nun im Wasserbad gegart. Gegen Ende der Garzeit rühren Sie die Crème fraîche unter, ganz zum Schluss kommt noch 1 TL Butter dazu, dann stellen Sie die Eier warm.

• Backen Sie die aufgeschnittenen Brötchen unter dem Grill etwas auf. Dann verteilen Sie die Eiermasse darauf, bestreuen sie mit fein gehackten Cives, legen die halbierten Marlinscheiben darüber und klappen die Brötchen wieder zu. Jetzt sollten Sie die Sandwiches servieren, solange das Rührei noch heiß ist.

### Sylvies Tipp

Wenn Sie zusammen mit der Crème fraîche ein zusätzliches Eigelb unter das Rührei mischen, wird es noch saftiger und herzhafter.

FÜR 4 PERSONEN / ZUBEREITUNG 15 MIN. / GARZEIT 40 MIN.

## Patates douces, *crème de cives*

### Süßkartoffeln mit Cives-Butter

8 Süßkartoffeln
100 g cremig gerührte Butter
8 Cives
Salz, frisch gemahlener Pfeffer

- Bürsten Sie die Kartoffeln unter fließendem kalten Wasser gründlich sauber, dann wickeln Sie sie in Alufolie ein. Sie können die Süßkartoffeln entweder zwischen Grillkohlen oder im Ofen garen, es dauert etwa 40 Minuten

- Schlagen Sie die Butter kräftig, um sie mit den fein gehackten Cives zu vermischen und schön locker zu machen. Mit Salz und Pfeffer abgeschmeckt wird die Butter auf den heißen Kartoffeln serviert.

FÜR 4 PERSONEN / ZUBEREITUNG 10 MIN. / GARZEIT 40 MIN.

## Minute *de fruit à pain*

### Brotfrucht-Püree

1 Brotfrucht
2 Thymianzweige
6 Cives
150 ml Sahne
20 g mild gesalzene Butter
Salz, frisch gemahlener Pfeffer

- Schälen Sie die Brotfrucht, schneiden Sie den Strunk heraus und zerkleinern Sie das Fruchtfleisch. Mit Salzwasser bedeckt kocht es etwa 40 Minuten, bis es zart ist.

- Gießen Sie die Brotfrucht ab und geben Sie sie gemeinsam mit Butter und Sahne in eine Schüssel. Würzen Sie mit Salz und Pfeffer, dann zerdrücken Sie das Ganze mit einer Gabel zu einem groben Püree. Zum Schluss rühren Sie zügig die fein geschnittenen Cives und die Thymianblättchen darunter und servieren das Püree heiß und frisch.

### Sylvies Tipp

Ich überbacke das Püree auch gerne mit etwas Greyerzer-Käse und Muskatnuss. Nach dem gleichen Rezept kann man übrigens auch Süßkartoffeln oder Jams zubereiten.

FÜR 4 PERSONEN / ZUBEREITUNG 30 MIN. / GARZEIT 3 STD. / EINWEICHEN 24 STD. / MARINIEREN 30 MIN.

# Chili *de thon*

## Thunfisch-Chili

- 500 g getrocknete rote Bohnen
- 5 Knoblauchzehen
- 5 EL Olivenöl
- 4 Cives
- 4 Thymianzweigchen
- 800 g Thunfisch
- 1 Karotte
- 1 rote Paprika
- 1 rote Zwiebel
- 2 EL Chilipulver
- 2 Zwiebeln
- 3 EL Tomatenmark
- 2 Msp. Cayennepfeffer
- 1 l Fischfond
- Salz, frisch gemahlener Pfeffer

• Weichen Sie die roten Bohnen am Vortag in 3 l Wasser ein und wechseln Sie während der kommenden 24 Stunden mehrfach das Wasser. Sie können die Bohnen aber stattdessen auch in kaltem Wasser aufsetzen, einmal kurz aufkochen und abschütten.

• Braten Sie 3 zerdrückte Knoblauchzehen, die fein geschnittenen Cives und die Thymianblättchen in 2 EL Olivenöl an. Geben Sie die abgetropften roten Bohnen dazu, bedecken Sie sie mit kaltem Wasser und lassen Sie sie etwa 30 Minuten köcheln, bis sie halb gar sind.

• Schneiden Sie den Thunfisch in große Würfel. Karotte, Paprika und rote Zwiebel zerkleinern Sie gemeinsam im Mixer. Dann würzen Sie die Gemüsemasse mit dem Chilipulver und wenden die Thunfischwürfel darin. In einer Schale beträufeln Sie den Fisch dann mit 3 EL Olivenöl und lassen ihn im Kühlschrank 30 Minuten marinieren.

• Braten Sie die gehackten Zwiebeln und die übrigen 2 Knoblauchzehen in einem gusseisernen, ofenfesten Schmortopf mit 2 EL Öl aus der Marinade an. Dann kommen die Thunfischwürfel dazu und werden ebenfalls kurz angebraten, bevor man das Tomatenmark, den Cayennepfeffer und den Fischfond unterrührt. Schmecken Sie die Sauce schon einmal ab, dann schließen Sie den Topf und lassen das Chili auf kleiner Flamme 30 Minuten köcheln. Jetzt werden nur noch die abgegossenen Bohnen daruntergemischt, dann köchelt alles im geschlossenen Topf noch einmal 30 Minuten.

• Heizen Sie den Ofen auf 180 °C vor. Die letzten 90 Minuten gart das Chili im geschlossenen Topf sanft im Ofen weiter, bevor Sie es warm mit etwas Brot servieren.

### Sylvies Tipp

Eine super Beilage dazu sind die Kochbananen von Seite 28. Sie mildern die Schärfe und runden das Chili geschmacklich ab.

FÜR 4 PERSONEN / ZUBEREITUNG 20 MIN. / GARZEIT 45 MIN.

# Riz au lait *avec compote*

## Kokosmilchreis mit Mammi-Apfel-Kompott

### KOMPOTT

8 Mammi-Äpfel (siehe S. 125)
1 EL Rohrzucker
Saft von 1 Limette
2 Prisen Zimt
1 Vanilleschote
1 TL mild gesalzene Butter

### MILCHREIS

7 EL Milch- oder Risottoreis
500 ml Vollmilch
500 ml ungesüßte Kokosmilch
30 g Rohrzucker
1 Vanilleschote

### DAS KOMPOTT

- Schälen Sie die Mammi-Äpfel sorgfältig, ihre Haut verleiht dem Kompott sonst einen herben Geschmack. Das kleingeschnittene Obst geben Sie zusammen mit 1/2 Glas Wasser, dem Rohrzucker, Limettensaft, Zimt und der längs halbierten Vanilleschote in einen Topf mit schwerem Boden. Nun lassen Sie die Mammi-Äpfel 30 Minuten sanft köcheln, dann nehmen Sie mit einer Gabel die Vanille heraus, zerdrücken die Früchte und rühren die Butter unter.

### DER MILCHREIS

- Lassen Sie den Reis 5 Minuten in kochendem Wasser aufplatzen. Dann gießen Sie ihn ab und geben ihn zusammen mit Milch, Kokosmilch, Zucker und Vanilleschote in einen großen Topf. Bei geringer Hitze und unter häufigem Rühren wird der Reis in 15 Minuten gar und kann dann – warm oder kalt – mit dem Kompott serviert werden.

### Sylvies Tipp

In Ermangelung von tropischen Mammi-Äpfeln können Sie nach dem gleichen Rezept auch ein Kompott aus Pflaumen oder Ananas machen.

FÜR 10 PERSONEN / ZUBEREITUNG 30 MIN. / KÜHLEN 1 STD.

# Salade *de fruits exotiques*

## Salat aus tropischen Früchten

1 Ananas
1 reife Papaya
4 Mangos
1/4 Wassermelone
4 gelbe Maracujas
4 Karambole
1 Granatapfel
4 rosa Pampelmusen
1/2 Kokosnuss
1 EL Vanilleextrakt
1 TL Kaffee-Extrakt
3 EL Rohrzucker
Saft von 2 Limetten
1 kleines Glas alter Rum

- Schälen Sie Ananas, Papaya, Mangos und die Wassermelone und schneiden Sie sie in Würfel. Löffeln Sie das Fruchtfleisch aus den Maracujas und schneiden Sie die Karambole in Scheiben. Die Granatäpfel schneidet man auf und entfernt die Kerne, die Pampelmusen werden geschält und filetiert, das Fleisch der Kokosnuss wird geraspelt.

- Vermengen Sie alle Früchte außer den Pampelmusen in einer großen Schüssel gründlich mit den übrigen Zutaten: Vanille- und Kaffee-Extrakt, Zucker, Limettensaft und Rum. Jetzt sollte der Obstsalat 1 Stunde im Kühlschrank ziehen.

- Kurz vor dem Servieren mengen Sie die Pampelmusenstückchen unter, dann bringen Sie den erfrischenden Salat schön kühl auf den Tisch.

### Sylvies Tipp

Den geschmacklichen Clou bringt eine Prise Szechuanpfeffer, die man kurz vor dem Servieren über den Salat streut.

# Brochettes de thazard aux agrumes

## Fischspieße mit Zitrusfrüchten

**FÜR 4 PERSONEN**
**ZUBEREITUNG 15 MIN.**
**GARZEIT 5 MIN.**
**MARINIEREN 1 STD.**

1 Filet von der Königsmakrele (etwa 800 g)
2 unbehandelte Limetten
2 unbehandelte Orangen
3 EL Olivenöl
1 EL rosa Pfefferkörner
Salz, frisch gemahlener Pfeffer

- Limetten und Orangen sollten Sie vor der Verwendung gründlich waschen und abtrocknen. Reiben Sie die Schale von einer der beiden Limetten in einen tiefen Teller. Schneiden Sie das Fischfilet in 12 Würfel und marinieren Sie sie 1 Stunde im Kühlschrank in einer Mischung aus Olivenöl, geriebener Limettenschale und Pfefferkörnern.

- Heizen Sie den Backofengrill vor. Zitronen und Orangen werden nun in 5 Millimeter dicke Scheiben geschnitten und abwechselnd mit den Fischwürfeln auf Spieße gesteckt. Pro Spieß verwenden Sie dabei 3 Fischstücke. Nachdem Sie sie mit Salz und Pfeffer gewürzt haben, grillen Sie die Spieße etwa 5 Minuten und wenden sie dabei von Zeit zu Zeit. Lassen Sie den Fisch aber nicht zu lange im Ofen, sonst trocknet er aus.

# Tarte aux piments végétaliens

## Tarte mit ganzen Chilis

**FÜR 4 PERSONEN**
**ZUBEREITUNG 20 MIN.**
**GARZEIT 35 MIN.**
**RUHEN 30 MIN.**

10 milde Chilis („végétalien“)
6 Cives
1 Zweigchen Thymian
5 Eier
500 ml Milch
250 g Crème fraîche
100 g geriebener Emmentaler
2 Msp. Muskat
8 Basilikumblätter
Salz, frisch gemahlener Pfeffer

**MÜRBETEIG**

200 g Mehl
100 g weiche Butter
1 Prise Salz

(Abbildung S. 92 links oben)

- Verkneten Sie die Zutaten für den Mürbeteig – Mehl, Butter, Salz und etwas Wasser – rasch zu einem homogenen Teig. Bis zur Verwendung sollte er 30 Minuten im Kühlschrank ruhen.

- In der Zwischenzeit braten Sie die ganzen Chilis zusammen mit den grob gehackten Cives und den Thymianblättchen an.

- Heizen Sie den Backofen auf 180 °C vor. Dann rollen Sie den Mürbeteig auf der bemehlten Arbeitsfläche aus und legen eine Tarte-Form damit aus. Darüber kommen ein Blatt Backpapier und getrocknete Bohnen, sodass Sie den Teigboden 15 Minuten blind backen können. Danach nehmen Sie Bohnen und Papier wieder heraus.

- Schlagen Sie die Eier über einer Schüssel auf und würzen Sie sie mit Salz und Pfeffer. Verquirlen Sie sie mit Milch, Crème fraîche, Käse und Muskat. Nun wird die Eiermasse mit den Chilis vermengt und auf dem Boden der Tarte verteilt. Nach etwa 20 Minuten Backzeit nehmen Sie die goldbraune Tarte wieder aus dem Ofen, bestreuen sie mit dem fein geschnittenen Basilikum und servieren sie heiß.

### Sylvies Tipp

Zu diesem Rezept gibt es unendlich viele Ergänzungsmöglichkeiten, probieren Sie die Tarte zum Beispiel einmal mit Klippfisch.

# Gratin de giraumon

## Kürbisgratin

**FÜR 4 PERSONEN**
**ZUBEREITUNG 10 MIN.**
**GARZEIT 35 MIN.**

400 g Giraumon-Kürbis (bei uns auch unter dem Namen Türkenturban im Handel)
4 Cives
2 Knoblauchzehen
2 EL Maniokstärke
3 EL Sahne
150 g geriebener Greyerzer-Käse
20 g Butter
Salz, frisch gemahlener Pfeffer

- Heizen Sie den Ofen auf 180 °C vor. Schälen und zerkleinern Sie den Kürbis, schneiden Sie die Kerne heraus und dämpfen Sie ihn 10 Minuten; dabei soll das Fleisch nicht zerfallen. Nun wird der Kürbis mit einer Gabel zerdrückt und mit den grob gehackten Cives, dem zerdrückten Knoblauch, der Maniokstärke und der Sahne vermengt. Schmecken Sie die Mischung mit etwas Salz und Pfeffer ab, dann mischen Sie den geriebenen Käse darunter.

- Fetten Sie eine Auflaufform mit Butter und gießen Sie die Kürbismischung hinein. In 25 Minuten wird daraus im Ofen ein leckeres Gratin.

# Bricks de ouassous au beurre d'ail

## Flusskrebse in Filoteig mit Knoblauchbutter

**FÜR 4 PERSONEN**
**ZUBEREITUNG 20 MIN.**
**GARZEIT 8 MIN.**

16 Ouassous
2 Zucchini
2 Tomaten
2 EL Olivenöl
8 Blätter Filoteig
(oder Yufka, Frühlingsrollenteig, Feuilles de brick)
Salz, frisch gemahlener Pfeffer

**KNOBLAUCHBUTTER**

150 g weiche Butter
4 Knoblauchzehen
1/2 Bund glatte Petersilie
1 Schuss Pastis (Anisschnaps)
Salz, frisch gemahlener Pfeffer

- Schälen Sie die Ouassou-Schwänze und entfernen Sie die Därme. Die Butter rühren Sie cremig und vermengen sie mit dem zerdrückten Knoblauch, der gehackten Petersilie und einem Schuss Pastis. Dann schmecken Sie die Knoblauchbutter noch mit Salz und Pfeffer ab und stellen sie bis zur Verwendung kalt.

- Braten Sie die klein gewürfelten Zucchini 3 Minuten in einer Pfanne mit 2 EL Öl an und würzen Sie sie mit Salz und Pfeffer. Die rohen Tomaten werden gehäutet, entkernt und dann zerstampft.

- Heizen Sie den Ofen auf 210 °C vor. In die Mitte jedes Filo-Teigblatts löffeln Sie etwas Zucchini und Tomate, darauf betten Sie jeweils 2 Ouassou-Schwänze. Nachdem Sie sie mit Salz und Pfeffer gewürzt haben, geben Sie einen Klecks Knoblauchbutter darüber und falten den Teig zu einem festen Päckchen zusammen. Nach 4–5 Minuten im Ofen sind die Päckchen goldbraun und gerade richtig.

### Sylvies Tipp

Statt Ouassous, den delikaten karibischen Flusskrebsen, können Sie auch einfache Gambas verwenden.

# Imbiss

## *auf dem Steg*

Der gerade Steg, der wie ein Erker in den Hafen von Deshaies hineinragt, ist Treffpunkt und Lieblingsplatz für Dimitri und seine Freunde. Jeden Nachmittag kommen Sie nach der Schule hierher, sitzen auf der hölzernen Kante und quatschen, springen um die Wette oder beobachten die Fischer, während sie an einem „Snowball“ schlürfen, einem selbst gemachten Wassereis mit Fruchtsirup.

Sie bleiben bis zum Abend und nutzen die schönsten Stunden des Tages aus. Keine Zeit, zum „Goûter“, dem traditionellen Nachmittagsimbiss französischer Kinder, nach Hause oder in den Hafen zu gehen. Gut, dass sie zur Stärkung für zwischendurch ihre Lunchboxen dabei haben. Daraus zaubert Dimitri alles andere als ein tristes Pausenbrot hervor. Heute zum Beispiel verwöhnt ihn Sylvie mit einem Marlin-Sandwich und einem dicken Stück Schoko-Bananen-Kuchen. Dazu gibt's frischen Guaven-Saft. Genauso gut hätte er aber ein Sandwich mit Ouassous und Tomaten darin finden können, denn Sylvie liebt es, ihren Sohn mit immer neuen Leckereien zu überraschen.

So gestärkt kann er noch stundenlang vom Steg aus angeln oder auf einem Stück Treibholz mit den Wellen spielen...

Angeln, bummeln, baden – zwischen den bunten Booten im Hafen von Deshaies vergeht der Nachmittag wie im Flug.

# Quenepa und Maracuja

1 2 3 4

**QUENEPA** (links): Die grüne Frucht in der Größe einer Olive hat eine dicke Rinde. Man muss sie also aufbeißen oder -schneiden, um an das wunderbare, süß-säuerliche Fruchtfleisch heranzukommen, das ihren Kern umgibt. Bei uns ist die Frucht fast unbekannt, und zu allem Überfluss hat sie auch noch die verschiedensten Namen: Quenepa, Quenette, Kénep oder Mamoncillo.

**MARACUJA** (1, 3): Über 400 Arten zählt die unübersichtliche Familie der Passionsblumen. Man findet die Kletterpflanze in tropischen Gärten, aber auch in den Wäldern. Ihre Frucht heißt eigentlich Passionsfrucht, je nach Sorte und Farbe aber auch Maracuja oder Grenadille. Mit ihrer glänzenden, glatten, rot-gelben Haut sehen manche Maracujas aus wie kleine Äpfel. Im Inneren verbirgt sich ein geleeartiges, oranges Fruchtfleisch mit vielen schwarzen Kernchen. Es schmeckt sehr aromatisch und säuerlich und lässt sich zu tollen Drinks (Seite 76), Sorbets oder Saucen verarbeiten.

**POMME LIANE** (2, 4): Eine seltene Art der Passionsfrucht, die sich ganz allmählich wieder in den Gärten Guadeloupes ausbreitet. Sie ist länglicher als die Maracuja und hat eine flaumige, weiche Haut. Ihr Fruchtfleisch ist weiß und schmeckt mild und ganz einzigartig – vor allem in einem karibischen Rum-Punsch.

FÜR 4 PERSONEN / ZUBEREITUNG 15 MIN. / GARZEIT 2–3 MIN.

# Tartines de ouassous *à la tomate*

## Mit Flusskrebsen und Tomaten belegtes Baguette

16 Ouassous
2 Knoblauchzehen
1 Baguette
2 Tomaten
Olivenöl
Fleur de sel (bestes Meersalz)
Cayennepfeffer
4 Cives
Salz, frisch gemahlener Pfeffer

- Heizen Sie den Backofengrill vor, schälen Sie die Ouassou-Schwänze und entfernen Sie die Därme. Die Knoblauchzehen werden geschält, das Baguette teilt man in 4 gleich große Stücke und schneidet sie auf. Reiben Sie die Innenseiten des Brots kräftig mit Knoblauch ein. Die Tomaten übergießen Sie mit heißem Wasser, dann häuten Sie sie, schneiden die Kerne heraus und zerdrücken das Fleisch. Mit Salz und Pfeffer würzen und auf den Baguette-Stücken verstreichen.

- Jetzt legen Sie je 2 Ouassou-Schwänze auf jedes Stück Brot, beträufeln sie mit Olivenöl, streuen etwas Fleur de sel darüber und rösten sie 2–3 Minuten unter dem Grill, bis das Brot schön knusprig und goldbraun ist. Kurz vor dem Servieren streuen Sie noch die gehackten Cives und eine Prise Cayennepfeffer darüber.

### Sylvies Tipp

Wie bei allen Ouassou-Rezepten können Sie auch bei diesem statt der karibischen Flusskrebse einfache Gambas verwenden. Eine tolle Ergänzung sind Avocado-Scheiben oder – wie auf dem Foto – Chilis.

FÜR 4 PERSONEN / ZUBEREITUNG 15 MIN.

# Tartines de *marlin fumé*

## Geräucherter Marlin mit Civen-Creme auf Bauernbrot

8 Scheiben geräucherter Marlin
200 ml sehr kalte Sahne
Saft von 1 Limette
8 Cives
8 Scheiben Bauernbrot
Salz, frisch gemahlener Pfeffer

- Schlagen Sie die Sahne mit einem elektrischen Quirl. Sie soll schön luftig, aber noch nicht ganz steif sein, wenn Sie den Limettensaft und die Cives daruntermischen und die Creme mit Salz und Pfeffer abschmecken.

- Toasten Sie die Brotscheiben, bestreichen Sie sie mit der Creme und belegen Sie sie mit dem Fisch. Nun nur noch eine kleine Prise frisch gemahlener Pfeffer drüber und fertig!

### Sylvies Tipp

So schlicht und so delikat zu gleich – ein toller Snack zu einem Glas kühlen Chablis!

FÜR 4 PERSONEN / ZUBEREITUNG 20 MIN. / GARZEIT 10 MIN.

# Sandwichs *thon-mayonnaise*

## Sandwiches mit Thunfisch und Mayonnaise

1 Thunfisch-Steak (etwa 300 g) möglichst vom Gelbflossenthun
2 Eier
4 Cives
4 Brötchen
4 grüne Salatblätter

### MAYONNAISE

1 sehr frisches Eigelb
1 TL scharfer Senf
200 ml Erdnussöl
Saft von 1 Limette
Salz, frisch gemahlener Pfeffer

### DER THUNFISCH

• Heizen Sie den Backofengrill vor. Die Eier werden hart gekocht und abgeschreckt. Das Fischsteak grillen Sie auf jeder Seite etwa 5 Minuten und lassen es danach abkühlen.

### DIE MAYONNAISE

• Vermischen Sie in einer Schüssel das Eigelb mit Senf, Salz und Pfeffer und lassen Sie die Mischung 5 Minuten ruhen. Dann lassen Sie das Öl in einem feinen Strahl langsam hineinrinnen und schlagen es unter das Ei. Zum Schluss würzt man die Mayonnaise mit dem Limettensaft.

• Zerpflücken Sie den Fisch und vermischen Sie ihn mit der Mayonnaise. Auch die fein gehackten Cives und die kleingeschnittenen Eier kommen in diese Mischung, bevor man sie mit Salz und Pfeffer abschmeckt. Dann schneiden Sie die Brötchen auf, legen je ein Salatblatt hinein und verteilen die Thunfisch-Mayonnaise auf die 4 Brötchen. Jetzt nur noch zuklappen und genießen.

### Sylvies Tipp

„Z'Aile jaune" ist der kreolische Name des Gelbflossenthuns. Auf Guadeloupe lieben wir das feine, saftige Fleisch, aber natürlich schmecken die Sandwiches auch mit jedem anderen frischen Thunfischsteak.

# Fruchtsäfte

**GUAVENSAFT**
FÜR 4 PERSONEN
ZUBEREITUNG 15 MIN.
KÜHLEN 1 STD.

1 kg Guaven
1 Vanilleschote
1 EL Rohrzuckersirup
Saft von 1 Limette
500 ml Wasser

**MARACUJASAFT**
FÜR 8 PERSONEN
ZUBEREITUNG 20 MIN.
KÜHLEN 1 STD.

1 kg Maracujas
1 EL Rohrzuckersirup
Schale von 1 unbehandelten Limette
2 l Wasser

**ANANASSAFT**
FÜR 4 PERSONEN
ZUBEREITUNG 20 MIN.
KÜHLEN 1 STD.

2 große Ananas
1 Vanilleschote
1 Rohrzuckersirup
1 Stange Zimt
1 l Wasser

**LIMONADE**
FÜR 4 PERSONEN
ZUBEREITUNG 15 MIN.

6 unbehandelte Limetten
2 EL Rohrzuckersirup
1,5 l Wasser

## GUAVENSAFT

• Schälen Sie die Guaven und pürieren Sie ihr Fruchtfleisch im Mixer oder einer Saftzentrifuge. Die Vanilleschote schlitzen Sie längs auf und kratzen das Mark mit einer Messerspitze heraus. Nun mischen Sie das Fruchtpüree mit Vanille, Rohrzuckersirup und Limettensaft und gießen 500 ml kaltes Wasser darauf. Der Saft schmeckt am besten, wenn man ihn vor dem Trinken 1 Stunde kühlt.

## MARACUJASAFT

• Schneiden Sie die Maracujas auf und löffeln Sie das Fruchtfleisch in das Gefäß Ihres Mixers. Das Püree drücken Sie durch ein Spitzsieb, dann vermischen Sie es mit dem Rohrzuckersirup, der geriebenen Limettenschale und 2 l Wasser. Nach 1 Stunde im Kühlschrank schmeckt der Saft am besten.

## ANANASSAFT

• Schälen Sie die Ananas, schneiden Sie die Stachel und den Strunk heraus und pürieren Sie das Fruchtfleisch im Mixer. Die Vanilleschote schlitzen Sie längs auf und kratzen das Mark mit einer Messerspitze heraus. Ananas, Vanille, Rohrzuckersirup und Zimtstange verrührt man mit 1 l kaltem Wasser, danach kühlt man den Saft 1 Stunde.

## ECHTE LIMONADE

• Vermischen Sie den Saft von 5 Limetten mit dem Rohrzuckersirup und gießen Sie 1,5 l Wasser dazu. Die Schale der sechsten Limette wird gründlich gewaschen, dann schneiden Sie die Frucht in feine Scheiben. Gemeinsam mit 10 Eiswürfeln gibt man die Limettenringe zur Limonade und serviert sie sofort.

## Sylvies Tipps

**Guavensaft:** Wenn Sie den Saft gerne süß und dick mögen, sollten Sie reifere, rosafarbene Guaven verwenden, außerdem können Sie das Wasser durch Kokosmilch ersetzen.

**Maracujasaft:** Voller und exotischer schmeckt der Saft, wenn man das Rezept durch das Mark einer Vanilleschote ergänzt.

**Ananassaft:** Die „Victoria"-Ananas gibt mehr Saft, dagegen ist die Flaschenananas aromatischer.

**Limonade:** Richtig limonadig wird's, wenn Sie Sprudel statt Leitungswasser verwenden.

FÜR 4 PERSONEN / ZUBEREITUNG 20 MIN. / BACKZEIT 20 MIN.

# Gâteau *chocolat-bananes*

## Schoko-Bananen-Kuchen

### KUCHENTEIG

250 g Mehl
250 g Puderzucker
250 g weiche Butter
5 Eier
5 EL Kakaopulver
25 ml Wasser
25 ml alter Rum
1 Schuss Kaffee-Extrakt
3 Msp. Backpulver

### FÜLLUNG

200 ml Schlagrahm
2 reife Bananen
1 TL Vanilleessenz
Saft von 1 Limette
1 TL Rohrzucker

### DER KUCHEN

• Heizen Sie den Backofen auf 180 °C vor. Geben Sie alle Zutaten für den Teig in eine Schüssel und verquirlen Sie sie zu einer cremigen Masse. Man backt den Kuchen etwa 20 Minuten in einer gefetteten, mit Mehl bestäubten „Moule à manqué“, einer beschichteten Kuchenform mit hohem Rand. Dann nehmen Sie ihn heraus und lassen ihn auf einem Kuchengitter abkühlen.

### DIE FÜLLUNG

• Schlagen Sie die Sahne sehr steif. Die Bananen schälen und zerdrücken Sie, dann vermischen Sie den Brei mit Vanilleessenz, Limettensaft und Rohrzucker. Heben Sie Schlagsahne vorsichtig unter die Bananenmischung und streichen Sie diese Creme zwischen die Hälften des waagerecht aufgeschnittenen Kuchens.

### Sylvies Tipp

Für die Lunchbox sind die auf dem Foto gezeigten kleinen Schoko-Küchlein praktischer als ein ganzer Kuchen. Man kann sie nach dem gleichen Rezept zubereiten – mit oder ohne Bananenfüllung.

FÜR 4 PERSONEN / ZUBEREITUNG 20 MIN. / BACKZEIT 25–30 MIN.

# Crumble *à la mangue*

## Kokos-Crumble mit Mangos

1 kg knapp reife Mangos
Saft von 1 Limette
1 Vanilleschote
evtl. 5 Kardamom-Körner

**STREUSELTEIG**
150 g Mehl
100 g Butter
60 g geriebene Kokosnuss
120 g Rohrzucker
Schale von 1 unbehandelten Limette

- Heizen Sie den Backofen auf 180 °C vor. In einer Teigschüssel verkneten Sie das Mehl mit der weichen Butter, den Kokosraspeln, dem Zucker und der geriebenen Limettenschale zu einem bröseligen Teig.

- Schälen Sie die Mangos und schneiden Sie das Fruchtfleisch in kleinere Stücke. In einer Schüssel übergießen Sie es mit dem Limettensaft, dann geben Sie das aus der Vanilleschote herausgekratzte Mark und – wenn Sie mögen – die gestoßenen Kardamomkörner dazu und vermischen alles gründlich.

- Fetten Sie eine Auflaufform mit Butter und verteilen Sie die Mangomischung darin. Dann streuseln Sie den Teig darüber und backen den Crumble 25–30 Minuten goldbraun und knusprig.

### Sylvies Tipp

Dieses englische Universalrezept, das ich um die Kokosflocken ergänzt habe, funktioniert mit fast jedem Obst. Schön tropisch schmeckt's auch mit Guaven und Aprikosen.

# Boulettes de dorade

## Fischküchlein mit Mango-Vinaigrette

**FÜR 4 PERSONEN**
**ZUBEREITUNG 20 MIN.**
**GARZEIT 5 MIN.**

500 g Filets von der Dorade
1/2 Kokosnuss
Schalen von 2 unbehandelten Limetten
5 milde Chilis („végétalien")
1 kleines Bund Cives
1 Prise Cayennepfeffer
2 EL Maniokstärke
1 Ei
1 l Traubenkernöl
Salz, Pfeffer

### VINAIGRETTE

2 Mangos, am besten der Sorte „Julie" aus Guadeloupe
1 Prise Cayennepfeffer
100 ml Zuckerrohressig
4 EL Sonnenblumenöl
1/2 Bund frischer Koriander
Salz

### DIE VINAIGRETTE

• Schälen Sie die Mangos, schneiden Sie das Fruchtfleisch vom Kern und pürieren Sie es mit Cayennepfeffer, Essig und 2 EL Wasser im Mixer. Nachdem Sie gesalzen und das Öl dazugegeben haben, stellen Sie den Mixer nochmals an und verarbeiten alles zu einer glatten Masse. Zum Schluss kommt noch der fein geschnittene Koriander dazu, dann wird die Vinaigrette im Kühlschrank aufbewahrt.

### DIE FISCHKÜCHLEIN

• Heizen Sie den Backofen auf 240 °C vor. Das Fleisch der Kokosnuss wird gerieben und auf einem Blech ausgebreitet im Ofen getrocknet. Die Raspel von Zeit zu Zeit wenden und darauf achten, dass sie nicht braun werden.

• Schneiden Sie die Fischfilets in kleine Würfel und vermischen Sie sie in einer Schüssel mit den geriebenen Limettenschalen, den fein gehackten Chilis und Cives, Cayennepfeffer, Stärke und Ei. Den mit Salz und Pfeffer gewürzten Teig formen Sie zu Bouletten, die Sie in den Kokosraspeln wenden.

• Erhitzen Sie das Traubenkernöl auf 180 °C. Darin frittieren Sie die Fischküchlein, lassen sie danach auf Küchenpapier abtropfen und beträufeln Sie zum Servieren mit der Vinaigrette.

### Sylvies Tipp

Ich streue noch gerne ein Paar Rosinen über die Fischküchlein. Ihre Süße akzentuiert den Geschmack der Mangos und verbindet sich wunderbar mit dem der Dorade.

# Snowball

## Wassereis mit Sirup

**FÜR 1 PERSON**
**ZUBEREITUNG 5 MIN.**

1 Eisblock (gefrorenes Wasser)
Sirup (Minze, Grenadine, Erdbeer, Ananas oder Johannisbeere)

• Zerkleinern Sie das Eis mit den Zinken einer Gabel und pressen Sie die Bröckchen in zwei Plastikbecher. Gießen Sie in den einen Becher großzügig Sirup und stülpen Sie das Eis aus diesem Becher über das im anderen. Jetzt können Sie Ihren „Schneeball" langsam mit einem Strohhalm ausschlürfen.

# Beignets d'ananas, sauce citron vert

## Ananaskrapfen mit Limettensauce

**FÜR 4 PERSONEN**
**ZUBEREITUNG 30 MIN.**
**GARZEIT 4 BIS 5 MIN.**

1 große, reife Ananas
Saft von 1 Limette
1 l Öl (Erdnuss oder Traubenkern)

### KRAPFENTEIG

200 g Mehl
1 TL Rohrzucker
2 Msp. Natron
1 TL Szechuan-Pfeffer
1 Ei
300 ml Wasser
Salz

### LIMETTENSAUCE

1/2 l Vollmilch
1 Vanilleschote
5 Eigelb
75 g Puderzucker
Schale von 1 unbehandelten Limette
150 ml sehr kalte Sahne

- Stellen Sie alle Zutaten für den Krapfenteig 1 Stunde vor der Zubereitung kalt. Dann vermischen Sie Mehl, Zucker, Natron, Pfeffer und das Ei und salzen den Teig etwas. Schütten Sie das Wasser in einem Schwung dazu und schlagen Sie den Teig kräftig mit dem Schneebesen. Es macht nichts, wenn sich dabei ein Paar Klümpchen bilden. Stellen Sie den Teig kalt.

- Die Basis der Sauce ist eine Crème anglaise. Dafür kochen Sie die Milch mit der längs aufgeschlitzten Vanilleschote auf. In einer Schüssel rühren Sie währenddessen die Eigelbe mit dem Puderzucker schaumig, sodass sie ihr Volumen verdoppeln. Darauf gießen Sie dann unter kräftigem Schlagen die kochende Milch. Geben Sie die Mischung zurück in den Topf und auf den Herd. Dort lassen Sie die Creme auf kleiner Flamme eindicken. Dabei ständig rühren, damit sie nicht kocht oder am Boden anbrennt. Wenn sie am Holzlöffel haften bleibt, ist die Crème anglaise fertig. Dann müssen Sie sie sofort in eine Glasschüssel gießen, mit der geriebenen Limettenschale vermengen und rasch abkühlen lassen.

- Schlagen Sie die kalte Sahne steif, heben Sie sie unter die abgekühlte Creme und stellen Sie die Mischung wieder kalt.

- Schälen Sie die Ananas und schneiden Sie sie in Ringe. Die Ringe vierteln Sie und beträufeln sie mit dem Limettensaft. Erhitzen Sie das Öl in einer Fritteuse auf 180 °C, tunken Sie die Ananasstückchen in den Krapfenteig und backen Sie sie im Öl rundum goldgelb und knusprig. Dann kurz auf Küchenpapier abtropfen lassen, bevor Sie sich die Krapfen mit der Limettencreme auf der Zunge zergehen lässt.

# Confiture de pommes cajou

## Cashew-Apfel-Konfitüre mit Vanille und Zimt

**FÜR 4 GLÄSER**
**ZUBEREITUNG 20 MIN.**
**GARZEIT 10 MIN.**
**ZIEHEN 4 STD.**

2 kg Cashew-Äpfel (siehe S. 125)
1,8 kg Rohrzucker
1 Stange Zimt
1 Vanilleschote
Saft von 2 Limetten

• Schneiden Sie die Früchte in kleine Stücke. In einer Metallschüssel lassen Sie sie einen Vormittag lang im Kühlschrank ziehen, damit die Flüssigkeit austritt. Danach in einem Sieb gut abtropfen lassen. Die Fruchtstücke kochen Sie mit der Zimtstange, der aufgeschlitzten Vanilleschote, Limettensaft und Zucker etwa 10 Minuten ein.

# Confiture d'ananas et melon

## Ananas-Melonen-Konfitüre

**FÜR 4 GLÄSER**
**ZUBEREITUNG 15 MIN.**
**GARZEIT 10 MIN.**

1 kg Ananas
2 kg Honigmelone
Saft von 2 Zitronen
2 Vanilleschoten
1 Zimtstange
2,5 kg Rohrzucker

• Schälen und zerkleinern Sie die Früchte, entfernen Sie dabei den Strunk der Ananas und die Melonenkerne. Dann kochen Sie das Obst 10 Minuten mit Zucker, Zitronensaft, Zimt und der aufgeschlitzten Vanilleschote. Geben Sie ein wenig heiße Konfitüre auf eine gekühlte Untertasse. Wenn Sie schön stockt, hat sie genug gekocht.

### Sylvies Tipp

Ich mag die Konfitüre gerne delikater und etwas weniger mild, deshalb würze ich sie beim Kochen mit einer Prise Szechuanpfeffer.

# Schlemmerei

## *auf der Îlet blanc*

Ein Hauch von Galápagos in französischen Gefilden: Im Herzen des Naturschutzgebietes „Grand Cul-de-Sac Marin" liegt die kleine, unbewohnte Îlet blanc, das weiße Inselchen. Es ist dafür bekannt, der selten gewordenen Seeschwalbe eine Zuflucht zu bieten. Die scheuen Meeresvögel lieben die völlige Abgeschiedenheit des Eilandes. Hier können sie von Mai bis September ungestört brüten und ihre Jungen aufziehen, denn der Besuch der Insel ist dann streng verboten...
Schon früh am Morgen hat das Motorboot im Hafen von Sainte-Rose losgemacht. Durch die glasklaren Gewässer der karibischen See gleitet es hinüber zu Inseln, die wie Perlen auf einem Rosenkranz aufgereiht daliegen, gesäumt von Kokospalmen und traumhaft weißen Stränden.
In aller Ruhe wird ein Tisch auf der feinen Körnung des Sandes aufgestellt und das Mittagessen nimmt die Gestalt eines eleganten Fischzugs an: Die Dorade für den Tatar kommt ganz frisch aus dem Wasser, und der Ozean schenkt uns eine wunderschöne Languste, die wir grillen und mit Maracuja-Sauce genießen. Nach dem Dessert neigt sich der Tag. Bei einem Mojito erleben wir das Schauspiel der untergehenden Sonne, die den Himmel entflammt und schließlich im mandarinenfarbenen Meer versinkt.

Eine Fahrt übers Meer, faulenzen auf dem feinen Sand einer ins kristallklare Wasser getupften Insel und dabei paradiesischen Meerestieren zusehen – ein Traum!

# Kakao, Vanille und Früchte

1

2

3

**MAMMI-APFEL** (linke Seite, oben links): Diese typische Frucht der Antillen erntet man von Januar bis März. Sie wächst auf schönen großen Bäumen und heißt auf Französisch irreführenderweise „abricot-pays" (Landaprikose). Um ihr zartes, süßes Fruchtfleisch genießen zu können, muss man sie zunächst von der dicken, grauen Schale befreien.

**CASHEW-APFEL** (linke Seite, rechts in der Mitte): Die Frucht des Cashew- oder Nierenbaums hat einen sehr markanten Geschmack. Sie ist reich an Phosphor, Vitamin A und C, und ihr Saft ist bei Hitze ein wunderbarer Durstlöscher. Am Ende des Cashew-Apfels wächst der Kern, die Cashew-Nuss.

**CASHEW-NUSS** (linke Seite, rechts unten): Diese Nuss muss man von Hand und mit viel Sorgfalt ernten, denn im Inneren der Schale verbirgt sich ein hochgiftiges Öl. Aus diesem Grund werden Cashew-Nüsse vor dem Verzehr geschält und geröstet.

**VANILLE** (linke Seite und 1): Früher war Deshaies berühmt für die dort angebaute Vanille. Heutzutage lohnt sich der hohe Arbeitsaufwand kaum noch. Die Vanille-Pflanze, eine Orchidee, windet sich bis zu neun Meter an Baumstämmen hoch.

**KAKAO-STANGEN** (1): Diese Stangen aus fermentierten, getrockneten und gerösteten Kakaobohnen gibt es auf jedem Markt Guadeloupes. Man reibt sie in warme Milch. Gewürzt mit Zimt und Vanille wird daraus ein wunderbares Getränk.

**COROSSOL** (2): Eine imposante Frucht, auch Stachelannone oder Guanábana genannt. Sie kann bis zu drei Kilo wiegen. Ihr weiches, weißes Fruchtfleisch enthält schwarze Kerne. Den süßen Saft trinkt man mit Wasser und einer Zitronenscheibe.

**JAVA-APFEL** (3): Die kleine, birnenförmige Frucht (französisch: „framboisier") ist erfrischend säuerlich und leicht pikant. Man verwendet sie als Pickles, in Sirup oder Konfitüre.

FÜR 1 PERSON / ZUBEREITUNG 5 MIN.

## Punch *coco*

### Kokos-Punsch

- 1 sehr frische Kokosnuss
- 1 EL Rohrzucker
- 1 Schuss Rum
- gestoßenes Eis

• Spalten Sie die Kokosnuss und fangen Sie die Flüssigkeit auf. Zerdrücken Sie das darin enthaltene Fruchtfleisch mit dem Rohrzucker mittels eines langstieligen Löffels. Nun gibt man etwas Rum und das Eis dazu, vermischt alles gründlich und genießt den Punsch mit einem Strohhalm.

### Sylvies Tipp

Es geht auch noch exotischer: Bohren Sie zwei Löcher in eine Kokosnuss und gießen Sie etwas Rum hinein. Dann verschließt man die Löcher wieder mit zerknüllter Alufolie, wickelt die Kokosnuss in ein Tuch und vergräbt sie im warmen Sand oder notfalls in der Erde. Jetzt müssen Sie sich einen Monat gedulden, dann können Sie die Nuss wieder ausgraben, einen Strohhalm in eins der Löcher stecken und Ihren Punsch genießen.

FÜR 2 PERSONEN / ZUBEREITUNG 5 MIN.

## Cocktail *Mango*

### Mango-Cocktail

- 3 schöne, gerade reife Mangos
- 1 Glas Kokosmilch
- Saft von 1 Limette
- 2 kleine Gläser weißer Rum
- 1 Schuss Rohrzuckersirup
- 6 Eiswürfel

• Schälen Sie die Mangos und schneiden Sie das Fruchtfleisch vom Kern. Gemeinsam mit allen übrigen Zutaten – auch den Eiswürfeln – verarbeiten Sie es im Mixer zu einem sämigen Cocktail, den Sie sofort servieren.

FÜR 1 PERSON / ZUBEREITUNG 5 MIN. / ZIEHEN 1 STD.

# Mojito

8 frische Minzeblätter
1/2 unbehandelte Limette
1 TL Rohrzucker
50 ml weißer Rum
60 ml Sprudelwasser
4 Eiswürfel, gestoßen

• Zerstampfen Sie die Minze mit der halben Limette und dem Zucker und lassen Sie die Mischung 1 Stunde ziehen. Gießen Sie Rum und Sprudelwasser dazu und vermischen Sie alles mit dem Eis. Dann servieren Sie den Mojito in großen, eisgekühlten Gläsern mit einem Strohhalm.

## Sylvies Tipp

Vorsicht, wenn Sie zu viel davon trinken, schlafen Sie an Ort und Stelle ein!

FÜR 4,5 L PUNCH / ZUBEREITUNG 3 MIN.

# Planters Punch

1 l Orangensaft
1 l Ananassaft
1,5 l Guavensaft
Saft von 2 Limetten
1/2 l weißer Rum
1/2 l alter Rum
2 Vanilleschoten
1 Zimtstange

• Vermischen Sie alle Zutaten und servieren Sie den Planters Punch mit einer Limetten- und einer Ananasscheibe.

FÜR 4 PERSONEN / ZUBEREITUNG 15 MIN. / GARZEIT 3 MIN.

# Salade d'épinards *au curcuma*

## Spinatsalat mit frischer Kurkuma

500 g junger Blattspinat
1 Kurkuma (Gelbwurzel)
300 g Gombos (Okra-Schoten von den Antillen)
1 milde Chili („végétalien")
Saft von 1 Limette
4 EL Olivenöl
1 TL Rohrzucker
Salz, frisch gemahlener Pfeffer

- Putzen und waschen Sie den Spinat mehrmals. Die Kurkuma wird geschält und auf einer groben Reibe zerkleinert. Waschen Sie die „Gombos" und blanchieren Sie sie 3 Minuten in kochendem Salzwasser. Nicht länger, denn sie sollen noch Biss haben.

- Vermengen Sie Gombos und Spinat in einer großen Salatschüssel mit der geriebenen Kurkuma und der fein gehackten Chili. Limettensaft, Olivenöl, Zucker, Salz und Pfeffer verrühren Sie zu einer Vinaigrette, die Sie über den Salat gießen. Schön kühl servieren.

### Sylvies Tipp

Ich kann es nicht lassen: Einen Hauch Knoblauch muss ich einfach dazu tun. Ich finde, er akzentuiert die Aromen dieses Salats.

FÜR 6 PERSONEN / ZUBEREITUNG 30 MIN. / KÜHLEN 30 MIN.

# Salade de *papayes vertes*

## Grüner Papaya-Salat mit Zitrusfrüchten

2 grüne Papaya,
eine davon etwas reifer
6 Cives
2 Orangen
2 Pampelmusen
4 milde grüne Chilis („végétalien")
100 g zarte, junge Spinatblättchen
10 Basilikumblätter

### ZITRUS-VINAIGRETTE

Saft und Schale von
2 unbehandelten Orangen
Saft und Schale von
1 unbehandelten Zitrone
3 Knoblauchzehen
6 Sardellen in Öl
1 Prise Cayennepfeffer
5 EL Olivenöl

### DIE VINAIGRETTE

• Pochieren Sie die Orangen- und Zitronenschalen 30 Sekunden in warmem Wasser und stellen Sie sie beiseite. Die Knoblauchzehen schälen Sie und schneiden die Keime heraus. Nun verarbeiten Sie alle Zutaten mit 100 ml Wasser in einem Mixer zu einer homogenen Vinaigrette, die Sie abschmecken und dann kalt stellen.

### DER SALAT

• Schälen und halbieren Sie die Papayas und entfernen Sie Kerne und faseriges Fruchtfleisch aus der Mitte. Den Rest reiben Sie und geben ihn gemeinsam mit den gehackten Cives in eine Salatschüssel. Orangen und Pampelmusen schälen und filetieren Sie mit einem spitzen Messer, die Chilis hacken Sie sehr fein, dann geben Sie beides zu den Papayas und vermischen alles vorsichtig mit der Vinaigrette. Jetzt muss der Salat 30 Minuten im Kühlschrank ziehen.

• Waschen Sie die Spinatbättchen mehrfach und gründlich, schleudern Sie sie und geben Sie sie kurz vor dem Servieren zum Papaya-Salat. Ganz zum Schluss wird der fein geschnittene Basilikum darübergestreut.

### Sylvies Tipps

Ich schäle die Papayas unter fließendem Wasser, weil Sie eine Milch absondern, die die Hände reizt.
Noch raffinierter schmeckt der Salat mit etwas frisch gehobeltem Parmesan.

FÜR 4 PERSONEN / ZUBEREITUNG 20 MIN. / KÜHLEN 30 MIN.

# Tartare *de dorade*

## Tatar von der Dorade

800 g sehr frische, filetierte Dorade
10 Cives
10 Basilikumblätter
5 Zweigchen Petersilie
4–5 EL Olivenöl
1 TL Cayennepfeffer
2 Tomaten
250 g Champignons
Saft von 1 Zitrone
2 Limetten
getoastete Baguette-Scheiben

- Schneiden Sie die Dorade mit einem scharfen Messer in sehr kleine Stückchen. Cives, Basilikum und Petersilie werden fein gehackt und mit dem Fisch vermengt. Geben Sie das Olivenöl und den Cayennepfeffer dazu und verrühren Sie alles gründlich.

- Schälen Sie die Kerne aus den Tomaten und schneiden Sie das Fleisch in kleine Würfel. Waschen Sie die Champignons mehrmals in frischem Wasser, beim letzten Mal geben Sie den Zitronensaft dazu. Dann werden sie sehr fein gehackt und gemeinsam mit den Tomatenwürfeln vorsichtig unter den Tatar gemengt. Mach 30 Minuten Kühlzeit servieren Sie den Salat mit den geviertelten Limetten und getoasteten Baguette-Scheiben.

### Sylvies Tipp

Je nach Saison variiere ich das Rezept mit Avocados oder anderem Gemüse, das schmeckt fantastisch.

FÜR 4 PERSONEN / ZUBEREITUNG 15 MIN. / KÜHLEN 30 MIN. / GARZEIT 18 MIN.

# Langoustes *grillées*

## Gegrillte Langusten mit Maracuja-Sauce

2 Langusten à 1.2 kg
3 Cives
5 gelbe Maracujas
1 Vanilleschote
100 ml Sahne
100 g weiche Butter
1 TL Rohrzucker-Sirup
2 Msp. Cayennepfeffer
Rohrzucker
Fleur de sel (bestes Meersalz)
Salz, frisch gemahlener Pfeffer

### DIE SAUCE

• Hacken Sie die Cives ganz fein, halbieren Sie die Maracujas, schälen Sie das Fruchtfleisch heraus und vermengen Sie es mit den Cives. Diese Mischung streichen Sie durch ein Sieb in einen kleinen Topf. Schlitzen Sie die Vanille auf und entfernen Sie mit einem spitzen Messer die Kerne, bevor Sie die Schote klein schneiden und zu den Maracujas in den Topf geben. Nun rühren Sie die Sahne und 3 EL Wasser unter und erhitzen die Mischung auf mittlerer Flamme unter ständigem Rühren mit dem Schneebesen, bis die Sauce etwas eindickt. Sobald sie zu kochen beginnt, nehmen Sie den Topf vom Herd und schlagen die gewürfelte Butter unter. Würzen Sie die Sauce mit Salz, Pfeffer, Sirup und Cayennepfeffer und halten Sie sie bis zur Verwendung warm.

### DAS BARBECUE

• Entzünden Sie die Grillkohle. Sobald die Glut heiß genug ist, legen Sie die ganzen Langusten auf den Rost und garen sie 15 Minuten. Danach spalten Sie sie auf einem Schneidebrett und bestreuen sie mit Rohrzucker. Nun kommen sie nochmals mit der offenen Seite nach unten auf den Rost und werden weitere 3 Minuten gegrillt. Zum Schluss würzen Sie die Langusten mit Fleur de sel und servieren sie mit der Sauce.

### Sylvies Tipp

Das delikate Aroma der Langusten kommt noch besser zur Geltung, wenn Sie die Sauce mit ein wenig geriebener Limettenschale aromatisieren.

FÜR 4 PERSONEN / ZUBEREITUNG 10 MIN. / GARZEIT 30 MIN.

# Bananes grillées *dans leur peau*

## In der Schale gebackene Bananen

4 Kochbananen
4 milde Chilis („végétalien")
30 g leicht gesalzene Butter
Salz, frisch gemahlener Pfeffer
Alufolie

- Heizen Sie den Ofen auf 180 °C vor. Waschen Sie die ungeschälten Bananen und schneiden Sie sie in 5 cm lange Stücke. Jedes Stück wird nun aufgeschlitzt, so dass man eine halbe Chili in die Mitte stecken und das Fruchtfleisch mit etwas Salz und Pfeffer würzen kann.

- Legen Sie jedes Bananenstück auf ein Stück Alufolie und wickeln Sie es wie einen Bonbon darin ein. Nach 30 Minuten im Ofen können Sie die Päckchen wieder öffnen, je ein kleines Stück Butter hineingeben und die Bananen sofort servieren.

### Sylvies Tipps

Etwas frischer schmecken die Bananen, wenn Sie eine Zitronenscheibe mit in das Päckchen stecken.
Eine tolle Beilage zu im Ofen gegartem Fisch.

FÜR 4 PERSONEN / ZUBEREITUNG 40 MIN. / GARZEIT 30 MIN.

# Îles flottantes coco

## Eischnee-Inselchen in Kokoscreme

1/2 Kokosnuss
6 Eier
1 Prise Salz
1 l ungezuckerte Kokosmilch
100 g Puderzucker
1 Vanilleschote
Schale von 1 unbehandelten Zitrone

**KARAMELL**

200 g Zucker
100 ml Wasser

- Heizen Sie den Ofen auf 240 °C vor. Reiben Sie das Fleisch der Kokosnuss und breiten Sie es auf einem Backblech aus. Dann wird es im Ofen getrocknet, wobei Sie es von Zeit zu Zeit wenden sollten.

- Trennen Sie die Eier und schlagen Sie das Eiweiß mit einer Prise Salz zu festem Schnee. Die Kokosmilch wird in einem großen Topf erhitzt, dann lassen Sie die mit einem Suppenlöffel ausgestochenen Eischnee-Portionen hineingleiten und an der Oberfläche der Milch auf jeder Seite gut 1 Minute garziehen. Wenn sie schön aufgegangen sind, nehmen Sie sie vorsichtig mit einem Schaumlöffel wieder heraus und lassen sie auf Küchenpapier etwas abtropfen.

### DIE CRÈME ANGLAISE

- Schlagen Sie in einer großen Schüssel die Eigelbe mit dem Puderzucker, der längs gespaltenen Vanilleschote und der geriebenen Zitronenschale cremig. Gießen Sie die kochende Kokosmilch darüber, vermengen Sie die Masse und geben Sie sie zurück in den Topf. Auf kleiner Flamme lassen Sie die Creme unter ständigem Rühren eindicken, ohne dass sie dabei zum Kochen kommen darf. Sobald sie die richtige Konsistenz hat, nehmen Sie sie vom Herd und lassen sie abkühlen.

### DAS KARAMELL

- Bringen Sie Zucker und Wasser in einem Topf bei mittlerer Temperatur zum Kochen. Wenn die Mischung schön braun geworden ist, richten Sie die „Îles flottantes“ mit der Crème anglaise an, träufeln etwas Karamell darüber und bestreuen das Ganze mit den Kokosflocken.

### Sylvies Tipp

„Îles flottantes“ – schwimmende Inseln – sind das Lieblingsdessert vieler französischen Kinder. Diese tropische Interpretation mit Kokosmilch und -flocken ist weniger süß, dafür aber wunderbar aromatisch.

## Beignets de raie

### Rochen im Teigmantel mit Kapernsauce

**FÜR 4 PERSONEN**
**ZUBEREITUNG 30 MIN.**
**GARZEIT 20 MIN.**
**ENTSALZEN 4 STD.**

500 g filetierter Rochen
2 EL in Salz eingelegte Kapern
2 EL Weinessig
4 Eigelbe
125 g Butter
1 l Traubenkernöl
frisch gemahlener Pfeffer

**KRAPFENTEIG**
300 g Mehl
100 g Maismehl
4 Msp. Backpulver
2 Msp. Natron
2 Eier
600 ml Wasser
Salz, frisch gemahlener Pfeffer

- Legen Sie die Kapern zum Entsalzen 4 Stunden in Wasser, das Sie jede Stunde auswechseln.

- Stellen Sie alle Zutaten für den Krapfenteig eine Stunde vor der Zubereitung kalt. Dann vermengen Sie die Mehle mit Backpulver, Natron, Salz, Pfeffer und den Eiern. Zum Schluss geben Sie das Wasser in einem Schwung dazu und verquirlen den Teig rasch und kräftig mit dem Schneebesen. Es macht nichts, wenn sich dabei ein paar Klümpchen bilden. Den fertigen Teig stellen Sie bis zur Verwendung kalt.

- Spülen Sie die Kapern nochmals unter fließendem kalten Wasser, tupfen Sie sie mit Küchenpapier trocken und bringen Sie sie mit dem Essig, 8 EL Wasser und etwas Pfeffer in einem Topf zum Kochen. Wenn die Flüssigkeit zu zwei Dritteln verdampft ist, nehmen sie den Topf vom Herd und geben die Eigelbe und weitere 4 EL Wasser dazu. Auf kleiner Flamme kochend rühren Sie diese Mischung schaumig. Dann nehmen Sie den Topf wieder vom Herd und schlagen nach und nach die klein gewürfelte Butter unter. Nun müssen Sie die Sauce nur noch abschmecken und warm halten.

- Erhitzen Sie das Öl auf 180 °C. Reinigen Sie den Fisch, tupfen Sie ihn mit Küchenpapier trocken und schneiden Sie ihn in dicke Würfel. Diese werden in den Krapfenteig getunkt und in dem heißen Öl rundherum goldbraun gebacken. Vor dem Servieren beträufeln Sie die Fischwürfel mit der Sauce.

## Concombres-pays au lait de coco

### Gurkengemüse in Kokosmilch

**FÜR 4 PERSONEN**
**ZUBEREITUNG 10 MIN.**
**GARZEIT 10 MIN.**

1 kg Landgurken
2 EL Olivenöl
2 Knoblauchzehen
4 Cives
2 milde Chilis („végétalien")
1 Dose ungezuckerte Kokosmilch
1 TL Currypulver
1/2 Bund frischer Koriander
Salz, frisch gemahlener Pfeffer

- Schälen und halbieren Sie die Gurken und schneiden Sie die Kerne heraus. In dünne Scheiben geschnitten braten Sie sie in einer beschichteten Pfanne kurz an. Die dabei austretende Flüssigkeit gießen Sie ab.

- Erhitzen Sie das Olivenöl in einer Pfanne. Der zerdrückte Knoblauch, die fein geschnittenen Cives und die geviertelten Chilis braten Sie 2 Minuten darin an, dann geben Sie die Gurken dazu. Nach weiteren 2 Minuten löschen sie das Gemüse mit der Kokosmilch ab, würzen mit Curry und lassen das Ganze 5 Minuten kochen. Nehmen Sie die Pfanne vom Herd, schmecken Sie das Gemüse mit Salz und Pfeffer ab und streuen Sie kurz vor dem Servieren den fein geschnittenen Koriander darüber.

### Sylvies Tipp

Zögern Sie nicht, dieses Gericht abzuwandeln und zu verfeinern, zum Beispiel mit frischer Minze oder Rosinen.

# Parmentier de dorade et fruit à pain

## Brotfruchtauflauf mit Dorade

**FÜR 4 PERSONEN**
**ZUBEREITUNG 40 MIN.**
**GARZEIT 45 MIN.**

800 g Filet von der Dorade
1 kg reife Tomaten
2 Knoblauchzehen
6 Thymianzweigchen
150 ml Rotwein
1 EL Tomatenmark
1 Prise Zucker
1 Brotfrucht
4 Cives
250 ml Sahne
3 Schalotten
20 g leicht gesalzene Butter
1 Bund glatte Petersilie
1 Ei
1/2 Bund Basilikum
Salz, frisch gemahlener Pfeffer

- Die Tomaten werden überbrüht, gehäutet, entkernt und zerkleinert. Zusammen mit den zerdrückten Knoblauchzehen, 3 Thymianzweigchen, Rotwein und Tomatenmark geben Sie sie in einen Schmortopf. Würzen Sie das Ganze mit Salz, Pfeffer und einer Prise Zucker, dann lassen Sie es im offenen Topf bei mittlerer Temperatur zu einem Püree einkochen.

- In der Zwischenzeit schneiden Sie die Brotfrucht in Scheiben und entfernen den Strunk und die Schale. Das Fruchtfleisch wird in leicht gesalzenem Wasser mit einem Thymianzweigchen gar gekocht, mit einer Gabel zerdrückt und mit 2 fein gehackten Cives und der Sahne vermengt.

- Dünsten Sie die fein gehackten Schalotten in 20 g Butter. Schneiden Sie die Fischfilets in feine Streifen und vermengen Sie sie mit den restlichen gehackten Cives, der fein gehackten Petersilie und den von 2 Zweigchen gestreiften Thymianblättchen. Zum Schluss vermischen Sie das Ganze gründlich mit dem Ei und den Schalotten.

- Heizen Sie den Ofen auf 240 °C vor. In einer mit Butter gefetteten Auflaufform verteilen Sie zunächst die Fischmischung. Darüber kommen die Tomatensauce und schließlich das Brotfruchtpüree. Darauf geben Sie einige Butterflöckchen, dann schieben Sie den Auflauf für 15–20 Minuten in den heißen Ofen. Vor dem Servieren streuen Sie das fein geschnittenen Basilikum darüber.

### Sylvies Tipp

Besonders appetitlich wird der Auflauf, wenn Sie das Brotfruchtpüree vor dem Backen mit Eigelb bepinseln.

# Petits choux farcis au guacamole

## Mit Guacamole und Marlin gefüllte Windbeutel

**FÜR 4 BIS 6 PERSONEN**
**ZUBEREITUNG 30 MIN.**
**GARZEIT 40 MIN.**
**RUHEN 2 STD.**

2 feine Scheiben geräucherter Marlin
1 Limette

### BRANDTEIG

1/2 l Wasser
1 TL feines Salz
125 g Butter
250 g Mehl
5 ganze Eier + 1 Eigelb

### GUACAMOLE

3 reife Avocados
1 Tomate
2 Cives
2 milde Chilis („végétalien")
1 Limette
100 ml Crème fraîche
10 Basilikumblätter
6 Zweigchen frischer Koriander
1 Schuss Tabasco
Salz, frisch gemahlener Pfeffer

• Schneiden Sie den Marlin in feine Streifen. Setzen Sie in einem Topf das Wasser, Salz und die klein gewürfelte Butter für den Brandteig auf und bringen Sie alles langsam zum Kochen. Dann nehmen Sie den Topf vom Herd und schütten das Mehl in einem Schwung dazu. Rühren Sie das Mehl rasch und kräftig unter, stellen Sie den Topf dann wieder bei geringer Temperatur auf den Herd und rühren Sie den Teig, bis er soweit getrocknet ist, dass er eine Kugel bildet, die sich vom Topf löst. Nun können Sie den Topf wieder vom Herd nehmen und nacheinander die aufgeschlagenen Eier kräftig unter den Teig rühren. Er sollte glatt und geschmeidig, aber nicht zu weich geraten. Stellen Sie ihn bis zur Verwendung 2 Stunden kalt.

• Heizen Sie den Ofen auf 180 °C vor. Formen Sie mit einem Teelöffel kleine Teigbällchen und setzen Sie sie mit etwa 3 cm Abstand voneinander auf ein gefettetes Backblech. Bepinseln Sie die Bällchen mit dem Eigelb und backen Sie sie etwa 40 Minuten.

### DIE GUACAMOLE

• In der Zwischenzeit bereiten Sie die Guacamole zu: Schälen und halbieren Sie die Avocados, bewahren Sie dabei einen Kern auf. Die Tomate wird überbrüht, gehäutet, entkernt und fein gewürfelt, Cives und Chilis hacken Sie ganz fein. Zerdrücken Sie die Avocados mit einer Gabel und vermengen Sie sie gründlich mit dem Saft einer Limette, den Cives, den Chilis, der Tomate, der Crème fraîche und den fein geschnittenen Kräutern. Mit etwas Tabasco, Salz und Pfeffer abgeschmeckt stellen Sie die Guacamole kalt. Stecken Sie dabei den Avocado-Kern in die Mitte, so behält die Creme ihre schöne grüne Farbe.

• Wenn die Windbeutel ausgekühlt sind, schneiden Sie sie auf und füllen sie mit der Guacamole, je einem Streifen geräucherten Marlin und einer Limettenscheibe. Dann setzen Sie das Teighäubchen wieder darauf und servieren die Windbeutel möglichst sofort.

# Ein Abend

## *auf Tendacayou*

An der Wand, die der Küche gegenüberliegt, prangt auf halber Höhe das Foto eines kleinen Zuckervogels. Ganz zart sitzt er auf dem Rand eines Glases, den Schnabel tief in den Planters Punch getaucht... Dem Beispiel dieses kleinen Feinschmeckers folgend werden auch die Gäste an Sylvies Tafel heute abend mit Planters Punch begrüßt. In großen Kannen stehen Rum und frische Säfte auf den Tischen bereit, daneben Schälchen mit Rohrzucker, aber auch Teller mit Crackern und Sardellenbutter in kleinen Töpfchen.
Sylvie hat es sich zur Angewohnheit gemacht, gegen Ende der Woche Freunde und Gäste zum gemeinsamen Abendessen im Freien einzuladen. Es gibt meistens eine ganze Reihe von Gerichten, aus denen man sich je nach persönlichem Appetit etwas heraussucht. Knusprig panierte Langustenschwänze und gedämpfte Filets vom Capitaine hat die Hausherrin heute auf ihren schönen quadratischen Tellern angerichtet. Manchmal beglückt Sylvie ihre Gäste auch mit einem Fisch-Fondue, das man mit Maracuja- oder Mangosauce genießt. Limettencreme-Windbeutel beschließen das Mahl, es sei denn, man zieht die milde Süße eines Kokos-Sorbets vor – alles Köstlichkeiten, die die angeregten Tischgespräche wieder beruhigen und zum Träumen einladen.

# Wurzelgemüse

1

2

3

4

**COUSCOUCH-JAM** (linke Seite und 2): Alle Jamswurzeln bilden braune, längliche, manchmal auch flache Wurzelknollen. Man kocht die wegen ihres Stärkegehalts auch Brotwurzel genannten Jams genau wie Kartoffeln. Die Couscouch ist eine eher seltene, fast schon in Vergessenheit geratene Sorte. Ihr Fleisch schmeckt fein süßlich und kann weiß oder violett sein. Beim Weihnachtsessen auf Guadeloupe ist die Couscouch die traditionelle Beilage zum eigens geschlachteten Schwein.

**SÜSSKARTOFFEL** (1): Eines der meistverwendeten Wurzelgemüse auf den Antillen, vor allem die gelbfleischige Sorte, die stärker duftet als die weiße. Ihr milder, süßlicher Geschmack ist sehr gefällig. Einfach in kochendem Wasser gegart, ist die Süßkartoffel eine wunderbare Beilage zu vielen Fischgerichten. Man kann sie aber auch für Pommes frites, Gratins, Konfitüren und sogar für Kuchen verwenden.

**MALANGA** (3): Diese Knolle mit weißem, klebrigen Fruchtfleisch ähnelt der Süßkartoffel, sie wird aber auch „Karibischer Kohl" genannt. Man verzehrt sie meist als Püree. Gerieben verwendet man sie für „Acras". Außerdem ist sie ein Bestandteil von Marinaden und Gratins und von vielen traditionellen „Colombo"-Rezepten.

**PAS-POSSIBLE-JAM** (4): Obwohl einige alte Bauern sie noch anpflanzen, wird es leider immer schwieriger diese „unmögliche" Jamswurzel auf Guadeloupe noch zu bekommen. Dabei ist ihr feines, süßliches Fleisch ein echter Leckerbissen. Man kocht sie in Salzwasser (wobei man darauf Acht geben muss, das Ende der Knolle nicht abzuschneiden) und isst sie einfach mit ein paar Butterflöckchen – wunderbar!

FÜR 4 PERSONEN / ZUBEREITUNG 5 MIN. / GARZEIT 3 MIN.

# Beignets *de langouste*

## Knusprig panierte Langustenschwänze

2 rohe geschälte Langustenschwänze
1 Ei
150 g Maismehl
1 l Traubenkernöl
3 Limetten
Salz, frisch gemahlener Pfeffer

- Erhitzen Sie das Öl in einer Fritteuse auf 180 °C. Zerteilen Sie die Langustenschwänze in 2 cm lange Stücke und tupfen Sie sie mit Küchenpapier trocken.

- Wenden Sie die Langustenstücke in dem mit Salz und Pfeffer gewürzten, verquirlten Ei und danach im Maismehl. Im heißen Fett werden sie nun etwa 3 Minuten frittiert, dabei sollten Sie sie mit einer Nudelzange oder einem Schaumlöffel von Zeit zu Zeit wenden. Lassen Sie die Langustenschwänze kurz auf Küchenpapier abtropfen, bevor Sie sie mit den geviertelten Limetten servieren.

### Sylvies Tipp

Ein super Snack zum Aperitif, vor allem zum „Ti-Punch“ (Seite 15).

FÜR 4 PERSONEN / ZUBEREITUNG 20 MIN. / GARZEIT 10 MIN.

# Filets de capitaine *à la vapeur*

## Gedämpfte Fischfilets mit Zitrusfrüchte-Sauce

2 Filets vom Capitaine oder einem anderen Weißfisch
3 unbehandelte Orangen
1 unbehandelte Zitrone
100 ml Sahne
125 g Butter
1 Prise Cayennpfeffer
2 milde Chilis („végétalien")
Salz

### DIE SAUCE

• Die Zitrusfrüchte werden zunächst gewaschen und abgetrocknet, dann reiben Sie ihre Schale (Sie können auch einen Zestenreißer verwenden). Zwei der Orangen schälen Sie bis aufs Fruchtfleisch und filetieren sie mit einem scharfen Messer. Setzen Sie die Orangenfilets mit den Schalen, dem Saft der dritten Orange, dem Saft der Zitrone und 2 EL Wasser in einem kleinen Topf auf. Diese Mischung kochen Sie auf kleiner Flamme um ein Drittel ein. Dann schlagen Sie mit einem Schneebesen die Sahne und nach und nach die klein gewürfelte Butter unter. Nun müssen Sie die Sauce nur noch mit Salz und Cayennepfeffer abschmecken und bis zur Verwendung warm halten.

### DER FISCH

• Schneiden Sie die Fischfilets längs in zwei Hälften und legen Sie je eine halbe Chili in die Mitte der Stücke. Nun werden die Filets aufgerollt und mit einem Spieß festgesteckt. In einem Dämpfeinsatz garen Sie den Fisch 5–10 Minuten, dann servieren Sie ihn mit der Zitrusfrüchte-Sauce.

FÜR 4 PERSONEN / ZUBEREITUNG 20 MIN. / GARZEIT 30 MIN.

# Blanquette *de dorade*

## Ragout von der Dorade mit Süßkartoffel-Gemüse

1 kg filetierte und in Stücke geschnittene Dorade
2 Zwiebeln
2 Knoblauchzehen
2 EL Traubenkernöl
2 Thymianzweigchen
1/2 Bund glatte Petersilie
6 schwarze Pfefferkörner
2 Lauchstangen
2 Süßkartoffeln
2 Navetten (Mairüben)
4 Cives
500 ml Fischfond
200 ml Cidre brut
100 ml trockener Weißwein
100 g kleine Champignons
20 g Butter
2 gelbe Maracujas
150 ml Schlagrahm
2 Eigelbe
Salz, frisch gemahlener Pfeffer

• Schälen Sie die Zwiebeln und schneiden Sie sie in feine Scheiben. Den Knoblauch schälen und zerdrücken Sie, nachdem Sie die Keime herausgelöst haben. Erhitzen Sie das Öl in einem Schmortopf und braten Sie Knoblauch und Zwiebeln darin mit den Kräutern an. Dann geben Sie die Pfefferkörner und das Gemüse dazu: den in Ringe geschnittenen Lauch, die geschälten und in Stücke geschnittenen Süßkartoffeln und Navetten und die fein gehackten Cives. Zum Schluss gießen Sie Fischfond, Cidre und Weißwein dazu, würzen mit Salz und Pfeffer und lassen das Gemüse im geschlossenen Topf 20 Minuten sanft köcheln.

• Reinigen Sie die Champignons in Essigwasser und braten Sie sie in der Butter etwas an, dann stellen Sie sie beiseite. Geben Sie den Fisch zum Gemüse und pochieren Sie ihn im offenen Topf 6 Minuten.

• In der Zwischenzeit halbieren Sie die Maracujas und lösen das Fruchtfleisch heraus. Hacken Sie es und verquirlen Sie es in einer Schüssel mit der Sahne und den Eigelben.

• Heben Sie mit einem Schaumlöffel Fisch und Gemüse aus dem Sud und stellen Sie beides beiseite. Den Sud kochen Sie auf die Hälfte ein, dann verrühren Sie einen Schöpflöffel davon mit der Sahne-Eigelb-Maracuja-Mischung. Gießen Sie diese Mischung zurück zum Sud und rühren Sie fortwährend, sodass die Sauce auf kleiner Flamme knapp unter dem Siedepunkt binden kann. Würzen Sie sie mit Pfeffer und wärmen Sie Fisch und Gemüse einige Sekunden darin auf, dann bestreuen Sie das Ragout mit etwas fein geschnittener Petersilie und servieren es.

FÜR 4 PERSONEN / ZUBEREITUNG 35 MIN. / GARZEIT 50 MIN.

# Langoustes au chou, *sauce vanille*

## Langusten auf Grünkohl mit Vanillesauce

2 Langusten à 1,2 kg
1 Grünkohl
2 Zwiebeln
2 Knoblauchzehen
3 EL Erdnussöl
30 g Butter + 1 TL Butter
4 Thymianzweigchen
2 Lorbeerblätter
6 schwarze Pfefferkörner
1 TL Anissamen
100 ml Sahne
6 Cives
grobes Salz
frisch gemahlener Pfeffer

### VANILLESAUCE

100 g Butter
3 Cives
3 Vanilleschoten
150 ml Fischfond
100 ml Sahne
1 Limette
1 Prise Cayennepfeffer
Salz, frisch gemahlener Pfeffer

### DIE SAUCE

• Dünsten Sie die fein gehackten Cives in einem Topf auf kleiner Flamme in 20 g Butter. Schlitzen Sie die Vanilleschoten auf und kratzen Sie das Mark über dem Topf heraus. Mit dem Fischfond löschen Sie die Cives ab. Wenn der Fond auf zwei Drittel eingekocht ist, gießen Sie die Sahne dazu.

• Lassen Sie die Sauce einige Minuten unter ständigem Rühren auf kleiner Flamme kochen. Dann schlagen Sie die restliche, in kleine Würfel geschnittene Butter unter. Mit Salz, Pfeffer, einem Schuss Limettensaft und einer Prise Cayenne abgeschmeckt wird die Sauce bis zur Verwendung warm gehalten.

### DIE LANGUSTEN

• Bringen Sie in einem großen Topf Wasser und grobes Salz zum Kochen. Tauchen Sie die Langusten hinein und lassen Sie sie etwa 10 Minuten darin garen, bis sich ihre Fühler rot färben. Herausnehmen und abtropfen lassen.

• Entfernen Sie die äußeren Blätter des Kohls und schneiden Sie den Rest in feine Streifen, die Sie unter fließendem Wasser waschen. Dann wird das Gemüse 2 Minuten in kochendem Salzwasser blanchiert und zum Abtropfen in ein Sieb geschüttet. Dünsten Sie die fein geschnittenen Zwiebeln im Erdnussöl und 30 g Butter. Rühren Sie den zerdrückten Knoblauch, Thymian, Lorbeer, Pfefferkörner und Anis darunter. Nachdem Sie auch den Kohl daruntergemengt haben, würzen Sie mit etwas grobem Salz und Pfeffer und lassen das Gemüse 15 Minuten ohne Deckel bei mittlerer Temperatur kochen. Achten Sie darauf, dass dabei nichts anbrennt. Notfalls gießen Sie etwas Wasser dazu.

• Heizen Sie den Ofen auf 180 °C vor. Schälen Sie die Langustenschwänze und schneiden Sie sie in Medaillons. Schälen Sie den Rogen (Corail) aus den Kopfteilen. In einer gefetteten Auflaufform verteilen Sie den Kohl und betten die Langustenteile darauf. Nachdem Sie Kohl und Langusten nochmals mit Salz und Pfeffer gewürzt und mit der Sahne begossen haben, streuen Sie die gehackten Cives darüber und schieben das Ganze für 10 Minuten in den heißen Ofen. Dann sofort mit der Vanillesauce servieren.

### Sylvies Tipp

Auch die Maracuja-Sauce von Seite 137 passt wunderbar zu den Langusten auf ihrem Bett aus Grünkohl.

FÜR 4 PERSONEN / ZUBEREITUNG 45 MIN. / GARZEIT 30 MIN.

# Fondue *de poissons*

## Fisch-Fondue

1 Thunfischfilet (400 g)
1 Filet von der Königsmakrele oder Dorade (400 g)
16 Ouassous
Salz, frisch gemahlener Pfeffer

**BOUILLON**
4 Karotten
1 Navette (Rübchen)
2 Lauchstangen
2 Stangen Sellerie
2 EL Olivenöl
1 l Cidre brut
1 TL grobes Salz
2 Msp. Cayennepfeffer
1 milde Chili („végétalien")
2 Zwiebeln
1 Knoblauchzehe, geschält
8 Pfefferkörner
1 Bund Petersilie
1 Bund Dill
4 frische Thymianzweigchen
4 Cives
1 Dose ungezuckerte Kokosmilch
1 TL Sojasauce
1 TL Austernsauce

**BASIS-MAYONNAISE**
5 Eigelbe
Erdnussöl

**MANGO-CURRY-SAUCE**
Basis-Mayonnaise
1 TL Currypulver
1/2 nicht zu reife Mango
2 Cives
Saft von 1 Limette

**CHILI-KORIANDER-SAUCE**
Basis-Mayonnaise
1 EL Austernsauce
1 TL Limettensaft
1 TL Chilipaste
10 frische Korianderblätter
1/2 TL Anissamen

**PILZ-DILL-SAUCE**
Basis-Mayonnaise
5 frische Pilze
Saft und Schale von 1 unbehandelten Limette
1 TL rosa Pfefferkörner
3 Zweige Dill

**PAPRIKA-BASILIKUM-SAUCE**
Basis-Mayonnaise
10 frische Basilikumblätter
1/2 rote Paprika
1 Knoblauchzehe
1 Prise Safran

**CHILI-AVOCADO-SAUCE**
Basis-Mayonnaise
2 milde Chilis („végétalien")
2 Cives
1/4 Avocado
Saft von 1 Limette

• Schneiden Sie die Fischfilets in Würfel, würzen Sie sie mit Salz und Pfeffer und stellen Sie sie kalt. Schälen Sie die Ouassou-Schwänze.

### DIE BOUILLON

• Schälen Sie Karotten, Navette, Lauch und Sellerie und schneiden Sie sie in feine Scheiben. In einem großen Topf dünsten Sie das Gemüse mit dem Olivenöl an, dann gießen Sie den Cidre und 1 l Wasser dazu. Rühren Sie Salz, Cayennepfeffer, die klein geschnittene Chili, die gehackten Zwiebeln, Knoblauch, Pfefferkörner und sämtliche Kräuter (Petersilie, Dill, Thymian, Cives) darunter und lassen Sie die Bouillon 30 Minuten sanft köcheln. Zum Schluss geben Sie Kokosmilch, Soja- und Austernsauce dazu.

### DIE SAUCEN

• Bereiten Sie auf der Basis von 5 Eigelben eine Mayonnaise zu, verwenden Sie dabei gerade soviel Erdnussöl, dass die Mayonnaise schön fest wird. Teilen Sie sie in 5 Schälchen für die diversen Saucen auf.
**Mango-Curry-Sauce:** Vermengen Sie die Mayonnaise eines Schälchens mit dem Currypulver, der gewürfelten Mango, den gehackten Cives und dem Limettensaft.
**Chili-Koriander-Sauce:** Vermengen Sie die Mayonnaise des zweiten Schälchens mit Austernsauce, Limettensaft, Chilipaste, den fein geschnittenen Korianderblättern und den Anissamen.
**Pilz-Dill-Sauce:** Vermengen Sie die Mayonnaise des dritten Schälchens mit den frischen, in feine Scheiben geschnittenen Pilzen, Limettensaft und -schale, Pfefferkörnern und dem fein geschnittenen, frischen Dill.
**Paprika-Basilikum-Sauce:** Vermengen Sie die Mayonnaise des vierten Schälchens mit dem fein geschnittenen Basilikum, der sehr fein geschnittenen Paprika, dem geschälten, zerdrückten Knoblauch und dem Safran.
**Chili-Avocado-Sauce:** Vermengen Sie die Mayonnaise des fünften Schälchens mit den in feine Ringe geschnittenen Chilis und Cives, der geschälten, gewürfelten Avocado und dem Limettensaft.

• Jeder Gast spießt die Fischwürfel und Ouassou-Schwänze auf seine Fondue-Gabel und taucht sie in die sehr heiße Bouillon. Nach dem Garen genießt man beides mit den verschiedenen Saucen.

### Sylvies Tipp

Bewahren Sie die Fischbrühe nach dem Fondue auf jeden Fall auf, sie ist eine köstliche Grundlage für viele andere Gerichte, zum Beispiel für das Thunfisch-Chili von Seite 85.

FÜR 4 PERSONEN / ZUBEREITUNG 10 MIN. / GARZEIT 5 MIN.

# Poêlée d'épinards et avocat

## Pfannengerührter Spinat mit Avocado

500 g zarte, junge Spinatblättchen
1 große, nicht zu reife Avocado
1 TL Fleur de sel (bestes Meersalz)
1 TL frisch gemahlener Pfeffer
1 TL Rohrzucker
3 EL Olivenöl
evtl. 1 milde Chili („végétalien")
1 Knoblauchzehe

- Vermengen Sie Fleur de sel, Pfeffer und Rohrzucker und stellen Sie die Mischung beiseite.

- Putzen und waschen Sie die Spinatblättchen und lassen Sie sie gründlich abtropfen. Die Avocado halbieren Sie und nehmen den Kern heraus. Dann schneiden Sie das Fruchtfleisch wie bei einer Honigmelone in der Schale in 2 cm dicke Scheiben.

- Erhitzen Sie das Öl in einer Pfanne. Braten Sie den Spinat mit dem fein geschnittenen Knoblauch und der in kleine Stücke geschnittenen Chili 2 Minuten kräftig an. Dann rühren Sie die Gewürzmischung darunter, nehmen den Spinat aus der Pfanne und stellen ihn warm. An seiner Stelle geben Sie die Avocado-Scheiben hinein und bräunen sie auf jeder Seite etwa eine Minute. Gemeinsam mit dem Spinat ergibt das eine tolle Beilage, zum Beispiel zu den Garnelen in Ingwer-Punsch von Seite 174.

# Sorbet coco *et confiture*

## Kokos-Sorbet und Karambole-Konfitüre

### KONFITÜRE

FÜR 4 GLÄSER
ZUBEREITUNG 25 MIN.
GARZEIT 45 MIN.

1 kg Karambole-Früchte
850 g Rohrzucker
Saft von 1 Limette
1 Vanilleschote

### SORBET

FÜR 4 PERSONEN
ZUBEREITUNG 30 MIN.
GARZEIT 2–3 MIN.
EISMASCHINE ETWA 30 MIN.

3 Kokosnüsse
1 Prise Zimt
1 Prise geriebene Muskatnuss
1 unbehandelte Limette
2 Dosen gezuckerte Kondensmilch
1 Vanilleschote

### DIE KONFITÜRE

• Waschen und zerkleinern Sie die Karambole und geben Sie sie mit dem Zucker in einen großen Topf. Nachdem die Mischung 15 Minuten gezogen ist, rühren Sie die längs halbierte Vanilleschote und den Limettensaft darunter. Kochen Sie die Früchte etwa 45 Minuten, bis die Konfitüre ausreichend eingedickt ist, dann füllen Sie sie in die vorbereiteten Gläser.

### DAS SORBET

• Öffnen Sie die Kokosnüsse, schneiden Sie das Fruchtfleisch heraus und reiben Sie es. In einem großen Topf bringen Sie 1 l Wasser zum Kochen, dann nehmen Sie den Topf vom Herd, geben Kokosraspel, Zimt, Muskat, den Saft und die geriebene Schale der Limette dazu und lassen alles im geschlossenen Topf ziehen, bis das Wasser abgekühlt ist.

• Pressen Sie die Mischung in einem Küchentuch über einer großen Schüssel aus, sodass Sie die Kokosmilch dabei auffangen. Gießen Sie sie in einen Topf und bringen Sie sie mit der Kondensmilch und der längs halbierten Vanilleschote auf mittlerer Flamme zum Kochen. Dann nehmen Sie den Topf vom Herd und verschließen ihn mit einem Deckel. Wenn die Mischung erkaltet ist, nimmt nehmen Sie die Vanilleschote heraus, verrühren alles noch einmal gründlich und gießen die Masse in eine Eismaschine. Sie können das Sorbet auch einfach in einem Gefriergefäß einfrieren. Dabei sollten Sie es allerdings alle 30 Minuten kräftig umrühren, damit es schön locker wird.

# Sorbet *maracudja*

## Schnelles Maracuja-Sorbet

FÜR 4 PERSONEN
ZUBEREITUNG 10 MIN.
EISMASCHINE ETWA 30 MIN.

8 gelbe Maracujas
350 ml Kokoscreme
150 ml Kokosmilch

• Schneiden Sie die Maracujas auf und löffeln Sie das Fruchtfleisch heraus. Dann pürieren Sie es, streichen es durch ein spitzes Sieb und vermengen es mit Kokoscreme und -milch. In einer Eismaschine wird daraus im Nu ein tolles Sorbet.

FÜR 4 PERSONEN / ZUBEREITUNG 20 MIN. / GARZEIT 15 MIN. / BACKZEIT 15 MIN.

# Rochers coco *et abricots-pays*

## Mammi-Äpfel in Rotwein mit Kokos-Gebäck

2 Eier
180 g Zucker
250 g geriebene Kokosnuss
8 Mammi-Äpfel (siehe S. 125)
30 g Butter + etwas zum Einfetten
250 ml Rotwein
70 g Rohrzucker
1 Prise Zimt

• Heizen Sie den Ofen auf 180 °C vor. Verquirlen Sie Eier und Zucker in einer Teigschüssel. Die Kokosraspel rühren Sie zunächst mit einem Holzlöffel unter, dann verkneten Sie alles mit den Händen.

• Setzen Sie kleine Teighäufchen auf ein mit Butter eingefettetes Backblech und backen Sie sie etwa 15 Minuten. Dann lösen Sie das Gebäck behutsam mit einem Spatel vom Blech und lassen es auf einem Kuchengitter abkühlen.

• Schälen Sie die Mammi-Äpfel gründlich, die gelbe Haut hat einen sehr herben Geschmack. Schneiden Sie die Früchte in dicke Stücke und braten Sie sie in der Butter etwas an. Den Wein vermischen Sie mit Rohrzucker und Zimt und löschen damit die Früchte ab. Lassen Sie die Mammi-Äpfel 15 Minuten sanft im Rotwein köcheln, dann heben Sie sie mit einem Schaumlöffel heraus. Wenn der Wein etwas eingekocht ist, gießen Sie ihn wieder über die Früchte. Servieren Sie die Mammi-Äpfel warm oder lauwarm mit dem Kokos-Gebäck.

FÜR 4 PERSONEN / ZUBEREITUNG 20 MIN. / GARZEIT 20 MIN. / BACKZEIT 20 MIN. / RUHEN 30 MIN.

# Choux à la *crème de citron vert*

## Limettencreme-Windbeutel

### CREME

1/4 l Milch
3 Eigelb
75 g Puderzucker
1 EL Stärkemehl
geriebene Schale von
1 unbehandelten Limette
150 ml sehr kalter Schlagrahm

### BRANDTEIG

50 g Butter + etwas zum Einfetten
75 g Mehl
1 TL Rohrzucker
2 Eier

### KARAMELL

20 Stücke Würfelzucker

### DIE CREME

- Bringen Sie die Milch zum Kochen. Die Eigelbe schlagen Sie mit dem Puderzucker schaumig, dann rühren Sie das Stärkemehl darunter. Gießen Sie die kochende Milch über diese Mischung, schütten Sie alles zurück in den Topf und kochen Sie es kurz unter Rühren auf. Bevor Sie die geriebene Limettenschale daruntermischen, sollte die Creme abkühlen.

### DER BRANDTEIG

- Heizen Sie den Ofen auf 150 °C vor. Zerlassen Sie die Butter mit 125 ml Wasser und nehmen Sie den Topf anschließend vom Herd. In diese Mischung schütten Sie nun in einem Schwung Mehl und Zucker und verrühren alles auf kleiner Flamme so lange, bis sich der Teig als Kugel vom Topfboden löst. Nehmen Sie den Topf vom Herd, rühren Sie nacheinander die Eier unter und lassen Sie den Teig 30 Minuten ruhen.

- Setzen oder spritzen Sie kleine Teighäufchen mit ausreichend Abstand zueinander auf ein mit Butter gefettetes Backblech und backen Sie sie je nach Größe etwa 20 Minuten. Danach lassen Sie die Windbeutel auf einem Kuchengitter auskühlen.

### DAS KARAMELL

- Schmelzen Sie den Zucker bei mittlerer Hitze mit 2 EL Wasser und lassen Sie ihn kochen, bis er sich schön braun färbt. Nehmen Sie den Topf vom Herd und tunken Sie die Windbeutel ins Karamell. Auf Alufolie abkühlen lassen.

### DIE WINDBEUTEL

- Schlagen Sie die Sahne steif und heben Sie sie vorsichtig unter die Creme. Schneiden Sie die Windbeutel auf, um sie mit der Creme zu füllen, und setzen Sie anschließend das Häubchen wieder darauf.

## Dauphiné variée

### Teigklößchen aus Brotfrüchten, Jams oder Süßkartoffeln

**FÜR 4 PERSONEN**
**ZUBEREITUNG 30 MIN.**
**GARZEIT 5–8 MIN.**

500 g Brotfrüchte, Jams oder Süßkartoffeln
6 Cives
1 l Traubenkernöl

**BRANDTEIG**

80 g Butter
120 g Mehl
5 Eier
Salz

• Bereiten Sie aus dem Gemüse Ihrer Wahl ein dickes, gut abgeschmecktes Püree zu und vermischen Sie es mit den gehackten Cives.

• Bringen Sie für den Teig 1/4 l Wasser mit der Butter und 1/2 TL feinem Salz zum Kochen. Nehmen Sie den Topf vom Herd und schütten Sie in einem Schwung das Mehl hinein. Rühren Sie dabei kräftig mit einem Holzlöffel. Auf kleiner Flamme wird der Teig nun unter ständigem Rühren „abgebrannt", bis er sich als Kugel vom Topf löst. Dann nimmt man ihn vom Herd und rührt nacheinander die verquirlten Eier darunter, sodass sich ein glatter Teig bildet.

• Erhitzen Sie das Öl in einer Fritteuse auf 180 °C. Vermengen Sie den Brandteig mit dem Püree und schmecken Sie die Mischung nochmals ab. Füllen Sie einen Spritzbeutel damit und lassen Sie 3 cm lange Teigstücke ins heiße Fett gleiten. Wenn sie rundum goldbraun sind, nehmen Sie sie heraus und lassen sie auf Küchenpapier etwas abtropfen, bevor Sie sie heiß und frisch servieren.

### Sylvies Tipps

„Pommes dauphines" mal anders: Statt Kartoffeln kann man nämlich auch andere Knollen verwenden. Mit einer Prise frisch in den Teig geriebener Muskatnuss wird ihr Geschmack noch voller.

## Papillotes de ouassous à la vanille

### Mit Vanille gewürzte Flusskrebs-Wickel

**FÜR 4 PERSONEN**
**ZUBEREITUNG 25 MIN.**
**GARZEIT 9 MIN.**

8 Ouassous
4 Vanilleschoten
100 ml Sahne
4 Blätter Backpapier
1 Limette
Salz, frisch gemahlener Pfeffer

• Schälen Sie die Ouassou-Schwänze und lösen Sie den Rogen (Corail) aus dem Kopfteil. Die Krusten der Krebse setzen Sie in einem Topf mit 1/4 l Wasser auf und kochen sie, bis die Hälfte des Wassers verdampft ist. Pürieren Sie den Topfinhalt und streichen Sie ihn durch ein spitzes Sieb. Dann mischen Sie die Flüssigkeit mit dem Corail, geben 2 aufgeschlitzte Vanilleschoten dazu und würzen mit Salz und Pfeffer. Kochen Sie die Sauce auf kleiner Flamme um ein Drittel ein. Nun geben Sie die Sahne dazu, schmecken die Sauce ab, kochen sie kurz auf und lassen sie 2 Minuten wallen.

• Heizen Sie den Ofen auf 210 °C vor. Schneiden Sie die Krebsschwänze mit einem scharfen Messer der Länge nach auf, ohne sie jedoch zu zerteilen. Die 2 übrigen Vanilleschoten schneiden Sie in je 4 Stücke und stecken eines in jeden Ouassou. Würzen Sie sie mit Salz und Pfeffer, dann legen Sie immer 2 Ouassous auf ein Stück Backpapier, dazwischen stecken Sie je ein Stück der bis aufs Fruchtfleisch geschälten Limette, darüber träufeln Sie etwas Sauce. Verschließen Sie das Backpapier wie einen Bonbon und geben Sie diese Wickel für 7 Minuten in den Ofen. Danach sofort servieren.

### Sylvies Tipps

Wenn Sie's pikant mögen, würzen Sie die Ouassous vor dem Garen mit Cayennepfeffer. Statt Ouassous können Sie auch Gambas verwenden. Mein Beilagentipp: gebratene Kürbisscheiben.

## *Crevettes au punch de gingembre*

### Garnelen in Ingwer-Punsch

**FÜR 4 PERSONEN**
**ZUBEREITUNG 20 MIN.**
**GARZEIT 10 MIN.**

12 rohe Riesengarnelen (Ouassous, Gambas), frisch oder tiefgefroren
2 EL Olivenöl
2 EL Sojasauce
400 ml Kokosmilch
3 Cives
frisch gemahlener Pfeffer

**PUNCH**

15 cm frischer Ingwer
4 EL Rohrzucker
1/4 l weißer Rum

• Bereiten Sie zuerst den Punsch zu. Dazu schälen Sie das Ingwerstück und zerkleinern es gemeinsam mit Zucker und Rum in einem Mixer.

• Erhitzen Sie das Olivenöl bei hoher Temperatur in einer Pfanne. Braten Sie die Garnelen darin auf jeder Seite 2 Minuten kräftig an, dann gießen Sie 200 ml Punsch darüber und flambieren die Garnelen. Geben Sie Sojasauce und Kokosmilch dazu und kochen Sie alles bei mittlerer Hitze 5 Minuten. Nachdem Sie sie mit etwas Pfeffer gewürzt haben, schmecken Sie die Sauce ab und geben die fein gejackten Cives dazu. Eine super Beilage dazu ist der pfannengerührte Spinat mit Avocados von Seite 164.

# Marlin fumé sur bricks de patates

## Räucher-Marlin auf Süßkartoffeltaschen

**FÜR 4 PERSONEN**
**ZUBEREITUNG 30 MIN.**
**BACKZEIT 25 MIN.**

4 Scheiben geräucherter Marlin
4 mittelgroße Süßkartoffeln
50 g Butter
1 Limette
4 Blätter Filoteig
(oder Yufka, Frühlingsrollenteig, Strudelteig, Feuilles de brick)
100 ml Crème fraîche
2 Cives
Salz, frisch gemahlener Pfeffer

- Schälen Sie die Süßkartoffeln, schneiden Sie sie in feine Scheiben und weichen Sie sie 30 Minuten in kaltem Wasser ein. Dann gießen Sie sie ab und tupfen sie mit Küchenpapier trocken.

- Heizen Sie den Ofen auf 180 °C vor. Breiten Sie die Süßkartoffel-Chips auf einer mit Butter eingefetteten, ofenfesten Platte aus, streuen Sie die restliche Butter als Flöckchen darüber und würzen Sie mit Salz und Pfeffer. Im Ofen werden die Chips in etwa 15 Minuten schön goldbraun. Nehmen Sie sie heraus, lassen Sie den Ofen aber an.

- Schälen Sie die Limette bis aufs Fruchtfleisch und schneiden Sie sie mit einem scharfen Messer in feine Scheiben. Schlagen Sie die Ränder der Filoblätter zur Mitte hin ein, sodass die Teigstücke quadratisch werden. In ihre Mitte kommen die Süßkartoffel-Chips und je eine halbe Limettenscheibe. Nachdem Sie sie mit Pfeffer gewürzt haben, klappen Sie die Teigblätter zu Rechtecken zusammen. Diese Taschen backen Sie etwa 10 Minuten im Ofen.

- In der Zwischenzeit vermengen Sie Crème fraîche und die gehackten Cives und würzen die Creme mit Salz und Pfeffer. Servieren Sie die heißen Süßkartoffeltaschen sofort mit einem Klecks Creme und einer Scheibe Marlin.

### Sylvies Tipp

Noch schöner werden die Süßkartoffel-Chips, wenn Sie sie die letzten Minuten unter dem heißen Grill bräunen.

# Glossar

## Brotfrucht
Das weiße, zarte Fleisch dieser großen Frucht schmeckt leicht süßlich und ähnelt in der Konsistenz stark dem Inneren von Weißbrot – daher der Name.
**Rezepte auf Seite 82, 144, 173.**

## Capitaine
Auch: „Vieille à carreaux" oder „Yellowfin grouper". Ein großer Zackenbarsch mit roter Haut. Sein Fleisch ist weiß und fest. Man kann ihn durch Dorade oder Seebarsch ersetzen.
**Rezepte auf Seite 27, 156.**

## Cive
Eine Würzpflanze aus der gleichen Familie wie Zwiebel, Knoblauch und Schnittlauch. Mehr dazu auf Seite 75.
**Rezepte auf Seite 20, 28, 37, 38, 48, 55, 63, 64, 79, 82, 85, 90, 92, 102, 106, 115, 133, 134, 137, 143, 144, 145, 159, 160, 163, 173, 175.**

## Chili „végétalien"
Eine kleine Chili, die zwar genauso viel Aroma hat wie die typischen Chilis der Antillen (Seite 75), aber bei weitem nicht so scharf ist.
**Rezepte auf Seite 27, 28, 37, 51, 55, 56, 63, 79, 90, 115, 130, 133, 138, 143, 145, 156, 163, 164.**

## Gelbflossenthun
Der „Z'Aile jaune" ist ein typischer Fisch für Guadeloupe mit rötlichem Fleisch und einer unverkennbaren gelben Flossenspitze. **Rezepte auf Seite 85, 106, 163.**

## Giraumon
Auf den Antillen wird fast keine andere Kürbissorte angebaut, sie ist dem hiesigen Türkenturban sehr ähnlich. Der Giraumon hat die typische Größe und orangene Farbe vieler Kürbissorten. Sein Fleisch ist mehlig und süß. Man verwendet es für Suppen, Gratins und Kompott. Eine traditionelle Spezialität ist auch die „Giraumonade", ein Püree mit Knoblauch, Cives, Thymian und geräuchertem Speck.
**Rezepte auf Seite 20, 92.**

## Gombo
Dieses kleine, faserige Gemüse sieht so ähnlich aus wie grüne Chilischoten und wird meist als Gewürz verwendet. In vielen Ländern ist es unter dem Namen Okra bekannt. Der Geschmack erinnert an Artischocken und grüne Bohnen. Beim Kochen werden Gombos sämig und können Saucen, Suppen und Ragouts binden.
**Rezepte auf Seite 56, 130.**

## Gurken
Neben den kleinen Landgurken mit ihren weichen Buckeln gibt es auf den Antillen die Ti-Concombre (Antillengurke) mit ihrer stacheligen Haut. Beide sind viel aromatischer als Schlangengurken.
**Rezepte auf Seite 79, 143**

## Hornhecht
Französisch: „Orphie". Ein kleiner, silbriger Fisch mit einem langen, mit winzigen Zähnen bewehrten Maul. Die Filets ähneln im Geschmack denen von Sardinen. **Rezept auf Seite 24.**

## Jamswurzel
Die Knolle ist eng mit der Kartoffel verwandt, schmeckt aber feiner und süßer. Vor allem als Püree und in Verbindung mit Süßkartoffeln (Seite 153) ein Leckerbissen.
**Rezept auf Seite 173.**

## Karambole
Eine gelbe Frucht mit saftigem, säuerlich schmeckendem Fruchtfleisch. Man kann sie roh essen (ihr Saft ist sehr wohlschmeckend), häufiger verwendet man sie aber gekocht, besonders für Konfitüren. In Scheiben geschnitten hat sie die Form eines Sterns, daher auch der deutsche Name – Sternfrucht.
**Rezepte auf Seite 63, 89, 167.**

## Königsmakrele
„Thazard" heißt diese große, spindelförmige, silbrig graue Makrelenart auf den Antillen. Ihr festes, weißes Fleisch hat einen einzigartigen Geschmack.
**Rezepte auf Seite 63, 90, 163.**

## Krake
Das „Ragoût de chatrous" ist ein traditionelles Gericht der Antillen. Chatrous sind kleinere Kraken, die man vor dem Kochen weich klopfen muss. **Rezept auf Seite 37.**

## Lambi
Eine große Meeresschnecke. Ihr Fang ist mittlerweile stark eingeschränkt und wird streng überwacht. Wie Kraken muss man auch Lambis weich klopfen, dann kann man sie roh (als Carpaccio) oder gegart genießen. Ihr feiner Geschmack erinnert an Jakobsmuscheln. **Rezept auf Seite 52.**

## Maracuja
Ein anderer Name für die Passionsfrucht (Seite 101). Auf Guadeloupe erntet man sie das ganze Jahr hindurch, vor allem aber von März bis September. Je runzliger die Haut nach dem Pflücken wird, desto weniger sauer ist die Frucht.
**Rezepte auf Seite 76, 109, 137, 167.**

## Marlin
Ein großer Fisch aus der gleichen Familie wie Schwertfisch und Speerfisch. Sein Fleisch ist zart rosa.
**Rezepte auf Seite 64, 80, 105, 145, 175.**

## Ouassou
Ein großer Flusskrebs, der in der Gastronomie Guadeloupes äußerst begehrt ist. Kein Wunder also, dass sein einst üppiger Bestand inzwischen stark dezimiert ist. Heute bekommt man ihn fast ausschließlich aus der Zucht.
**Rezepte auf Seite 23, 93, 102, 163, 173.**

## Spinat
Der auf den Antillen übliche Spinat („épinards pays") hat festere Blätter und einen herberen Geschmack als die in Europa gängigen Sorten.
**Rezepte auf Seite 130, 133, 164.**

## Zuckerrohressig
Ohne Zuckerrohressig ist die typische „Sauce chien" undenkbar, man würzt aber auch süß-saure Salate damit.
**Rezepte auf Seite 48, 55, 79.**

Erklärungen zu weiteren typischen Lebensmitteln finden Sie auf den Seiten 19 (Chilis), 47 (Bananen), 75 (Kräuter), 101 und 125 (Früchte), 153 (Wurzelgemüse).

# Rezeptverzeichnis

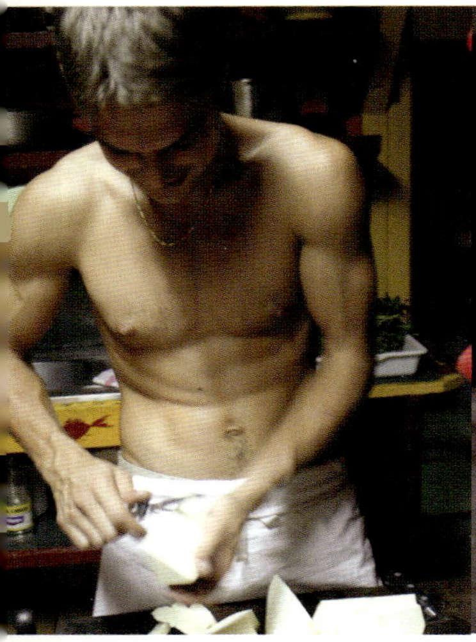

## Vorspeisen und Snacks



## Fisch und Meeresfrüchte



## Gemüse



## Desserts und Konfitüren



## Getränke

# Zutatenverzeichnis

# Adressen

## Unterkunft

HABITATION TENDACAYOU
MIT TABLE D'HÔTES
Gästezimmer bei Sylvie und Georges
97126 Deshaies
Tel. und Fax: 0033 5 90 28 42 72
e-mail: tendacayou@wanadoo.fr
www.tendacayou.com
Bungalows von 55 bis 130 **€** pro Tag
(2 bis 4 Personen),
Baumhäuser 250 **€** pro Tag
(8 Personen).
Table d'hôtes: LE POISSON ROUGE,
Mittwoch bis Sonntag Mittag,
das komplette Menü kostet 52 **€.**

Das Dorf Deshaies liegt im Norden der Basse-Terre, in einer Bucht im türkisblauen karibischen Meer, weniger als 45 Autominuten entfernt vom Flughafen Pointe-à-Pitre.

## Anreise

### Flug

CORSAIR – COMPAGNIE RÉGULIÈRE FRANÇAISE
www.corsair.fr

AIR FRANCE
www.airfrance.com

Flüge von Europa aus immer mit Umsteigen in Paris.

### Mietwagen

Jumbo Car

www.jumbocar.com

## Die besten Adressen auf Guadeloupe

### Gewürze, Vanille, Kakaostangen

MARCHÉ DE BASSE-TERRE
97100 Basse-Terre
Sylvies Tipp: Vielleicht begegnen Sie hier Johnny, einem Rastaman, der mit einer Schar Kinder im Freien lebt. Er macht die besten Punschs der Insel und verkauft sie auf diesem Markt.

### Obst und Gemüse

CHEZ FRED ET CORINNE
Rue de la Vague Bleue (Seeseite)
97126 Deshaies
Exzellente Auswahl an landestypischem Obst und Gemüse: Süßkartoffeln, Giraumon, Christophinen, Brotfrüchte, Maniok, Jams...

GEMÜSEMARKT BERGEVIN
97110 Pointe-à-Pitre
Täglich 6.00 bis 13.00 Uhr

MARCHÉ AUX LÉGUMES
ET AUX POISSONS
Quartier Lauricisque, 97110 Pointe-à-Pitre
Täglich 6.00 bis 13.00 Uhr

MARKT AUF DEM PARKPLATZ
VÉLODROME DE DESTRELLAN
97122 Jarry-Baie-Mahault
Unter der Woche täglich ab 16.00 Uhr.

### Fisch und Meeresfrüchte

DOMAINE DE SÉVERIN
97115 Sainte-Rose
Tel.: 0033 5 90 28 91 86,
Fax: 0033 5 90 28 36 66
e-mail: domaine.de.severin@wanadoo.com
Große Auswahl an Ouassous.

PORT DE LAURICISQUE
97110 Pointe-à-Pitre
Jeden Morgen.

MARCHÉ AUX LÉGUMES
ET AUX POISSONS
Quartier Lauricisque
97110 Pointe-à-Pitre
Täglich 6.00 bis 13.00 Uhr.
Sylvies Tipp: Bei Emerance täglich frisch im Hafen von Deshaies gefangenen Fisch kaufen.

### Wein

LA CAVE DES GOURMETS
19, rue de l'Industrie
97122 Jarry-Baie-Mahault
Tel.: 0033 5 90 99 13 - 77, Fax: - 74
Große, gar nicht provinzielle Auswahl.

### Rum

LA DISTILLERIE DU DOMAINE DE SÉVERIN
97115 Sainte-Rose
Tel.: 0033 5 90 28 91 86
Fax: 0033 5 90 28 36 66
www.rhumseverin.com
e-mail: domaine.de.severin@wanadoo.com
Besichtigung der Brennerei und Rumverkauf.

**Restaurants**

RESTAURANT DU JARDIN BOTANIQUE DE DESHAIES
97126 Deshaies.
Tel.: 0033 5 90 28 43 02
e-mail: info@jardin-botanique.com
Täglich geöffnet von 9.00 bis 17.30 Uhr.
Auch Anlass für einen schönen Spaziergang!

CHEZ JOJO
Plage de l'Anse de la Perle.
Hinter Deshaies, auf der Straße nach Sainte-Rose.
Acras, Spezialitäten von den Antillen.

CHEZ ANFAIM
Blau-weißes Haus gegenüber der Post.
97126 Deshaies.
Täglich außer Sonntag bis 14.00 Uhr.
Super Frühstück und kleine Snacks.

LE TITOLO
Domaine de Séverin, 97115 Sainte-Rose.
Tel.: 0033 5 90 28 28 11
Hier gibt's besonders leckere Ouassous mit landestypischem Gemüse.

**Fremdenverkehrsbüro**

Rue de la Vague Bleue, 97126 Deshaies.
Tel. & Fax: 0033 5 90 68 01 48
Montag bis Freitag von 8.00 bis 13.00 Uhr und von 14.30 bis 17.30 Uhr.

**Tauchclubs**

TROPICAL SUB
Jean-Pierre Concaud
Boulevard des Poissonniers (Seeseite)
97126 Deshaies.
Tel.: 0033 5 90 28 52 67
www.tropical-sub.com

LA NOTE BLEUE
Thiébault Denuelle
97126 Deshaies.
Tel.: 0033 5 90 28 53 74
Fax: 0033 5 90 28 56 89
www.plongeenotebleue.com

**Die schönsten Strände**

LA PLAGE DE LA GRANDE ANSE
Der schönste Sand der Basse-Terre, gesäumt von Kokospalmen, in der Nähe von Deshaies gelegen.

L'ANSE DE LA PERLE
Sehr schöner, wenig frequentierter Strand hinter Deshaies an der Straße nach Ste Rose.

## Karibisch essen in Deutschland

**Restaurants**

CARIB
Motzstr. 30
10777 Berlin Schöneberg
www.carib-berlin.de

CAS'CREOLE
Skalitzer Str. 81
10999 Berlin Kreuzberg
www.cascreole.de

LA CASA DE CUBA
Barnstorfer Weg 10
18057 Rostock
www.lacasadecuba.de

ROATAN
Osterstr. 76
20259 Hamburg
www.roatan.de

EL CARIBENO
Dorotheenstr. 186
22299 Hamburg Winterhude
www.lateinamerika-in-hamburg.de

TOBAGO BAY
Kapuzinerplatz 7
41061 Mönchengladbach
www.tobago-bay.de

HAVANNA
Musfeldstr. 26
47051 Duisburg
www.havanna-duisburg.de

KINGCREOLE
Eckenheimer Landstr. 346
60435 Frankfurt
www.kingcreole.de

HAVANA
Neckarstaden 24
69117 Heidelberg
www.havana-heidelberg.de

FOUQUETS CREOLE
Bar & Restaurant
Nordendstr. 10
80799 München
Tel.: 089 27 39 97 16

BISTRO-CAFÉ KONJI
Wodanstr. 13
90461 Nürnberg
www.cafe-konji.com

## Dank

Ich danke meinen Söhnen, Romain, Damien, Matthieu, Dimitri und Cédric, für alles, was sie in ihrem Leben mit uns gemeinsam gemacht haben, und für das, was sie selbst noch aus ihrem Leben machen werden. Ich danke Mémé, ohne die Tendacayou nicht das wäre, was es ist, meinen treuen Gästen, die zu mir kommen, um meine Leidenschaft für alle guten Dinge mit mir zu teilen... und Georges, meinem Gefährten in allen Lebenslagen, dem Meister des „Alles ist möglich", ohne den es Tendacayou überhaupt nicht gäbe.
Dank auch an Sandrine, Jérôme, Frédérique, Nadette, Nicolas und viele andere.

**Sylvie Clément**

Ich danke Sylvie, Georges und ihren Kindern für ihre Freundschaft. Außerdem Jean-Luc, Gitane, Nicolas, Virgile und allen, die es uns ermöglicht haben, dieses Buch zu verwirklichen.

**Jérôme Bilic**

**Sandrine Giacobetti** dankt Sandrine Guillemin und Julien Boure.

### Das Geschirr für die Fotos in diesem Buch stammt von:

Le Bon Marché – 22, rue de Sèvres, 75007 Paris.
Plastiques – 103, rue de Rennes, 75006 Paris.
Home autour du monde – 8, rue des Francs-Bourgeois, 75003 Paris.
Conran Shop – 117, rue du Bac 75007, Paris.

Art Direktion: Fred
Herstellung: Bernard Péronnet
Herausgeber: Nicolas Rabeau
Assistenz: Delphine Cajeux
Lektorat der Originalausgabe: Marie-Claire Brachet
Lektorat der deutschen Ausgabe: Ilka Grunenberg
Deutsche Übersetzung und Satz: Stephanie Schauenburg

ISBN : 978-3-86528-292-7
Litho: SeleOffset
Druck: Canale
Printed in Italy